말 잘하는
아이로 키워라

상위 0.1% 부모만 아는 퍼스널 브랜딩 스피치 파워

말 잘하는 아이로 키워라

초판 1쇄 인쇄 2022년 11월 15일
초판 1쇄 발행 2022년 11월 22일

지은이 이명희

발행인 백유미 조영석
발행처 (주)라온아시아
주소 서울특별시 서초구 효령로34길 4, 프린스효령빌딩 5F

등록 2016년 7월 5일 제 2016-000141호
전화 070-7600-8230   **팩스** 070-4754-2473

값 17,000원
ISBN 979-11-6958-003-8 (03370)

라온북은 독자 여러분의 소중한 원고를 기다리고 있습니다. (raonbook@raonasia.co.kr)

상위 0.1% 부모만 아는 퍼스널 브랜딩 스피치 파워

말 잘하는
아이로 키워라

RAON
BOOK

추천사

　이명희 원장님의 두 번째 출간을 진심으로 축하한다. 이 원장님은 언제나 젊고 활기찬 모습으로 우리들 주변을 밝고 명랑하게 자신감을 심어주는 사람이다. 그간 여러 차례 우리 대학생들과 최고경영자과정 특강을 부탁드렸는데, 서먹하고 냉랭했던 분위기를 친숙하고 화기애애하게 만들고 자신감을 심어주는 특별한 능력을 가진 것에 늘 감동을 받곤 했다.

　이번 책을 통해 우리 자녀들이 읽고, 쓰고, 말하는, 꼭 필요하고 소중한 경험과 교육의 기회를 주심에 감사드린다. 많은 부모들이 이 책을 통해 자녀들의 소통 능력을 향상시키는 계기로 삼길 바라며 적극적으로 추천한다. 앞으로도 이 원장님의 더 많은 발전을 기원한다.

전 삼육대학교 부총장 **오덕신**

어떤 사람들은 남들 앞에서 말하기를 좋아하는 '무대' 체질의 사람들도 있지만, 어떤 사람들은 사람들 앞에서 말하는 것을 두려워하기도 한다. 하지만 누구에게나 피할 수 없는 꼭 말을 해야 할 상황이 오기도 한다. 이럴 때 경우에 맞게 적절한 말을 하는 것은 인생에서 필수적인 교양이라고 할 수 있다.

이 책은 이런 고민을 가지고 있는 이들을 위한 해결책을 담고 있다. 어떤 상황에서 말을 잘하는 기술을 넘어, 어떤 가치관으로 말하는가에 대한 철학을 소개한다. 자녀들에게 말을 잘하기보다, 바른 가치관을 담아 말하는 법을 소개한다. 또한 세상을 자기만의 방식으로 해석하고 스토리텔링 하는 구체적 방법을 말하고 있다.

아이들은 엄청난 잠재력을 담고 있다. 어려서부터 이 책에서 소개하고 있는 바른 훈련을 한다면, 우리 아이들이 상황에 적절한 말을 하는 것을 넘어, 교양과 바른 가치관을 겸비한 성인으로 성장하게 될 것으로 생각한다.

밀알교회 담임목사 **이창영**

"글씨는 까만 먹물 속에 있는 가장 환한 빛을 찾아가는 작업"이라는 글을 읽고 감동받은 기억이 있다. 이명희 저자의 두 번째 책을 읽으며 이 문장이 떠오른 이유는, 이 책이 보석 같은 우리 아이들의 고유한 말과 글을 찾아, 가장 환한 자신만의 빛을 발견하도록 돕는 좋은 코치가 될 수 있겠다는 생각 때문이다. 언어로 자신을 표현하는 일에 고통을 받는 사람들에게 진실한 동반자이고자 했던 작가의 오랜 경험과 노력의 결실인 이 두 번째 저서가 많은 부모와 아이들에게 '퍼스널 브랜딩 스피치'로 새로운 희망을 발견할 수 있도록 돕는 친절한 안내자가 되길 염원하고 응원하는 마음이다.

《행복한 사람을 이렇게 삽니다》 저자, 삼육대학교 교수 **김나미**

사회생활이나 학교생활, 사람들이 모인 모든 곳에는 가장 중요한 것이 의사소통 능력이다. 시대가 급변하고 있지만 언어의 중요성은 변함이 없기 때문이다. 이명희 원장님의 강의를 들으면서 나 또한 의사소통 능력과 리더십을 배울 수 있었다. 우리 아이들이 어릴 때부터 언어능력을 잘 키워 의사소통이 잘 된다면 더욱 자신감 넘치는 삶이 될 것이다. 당당함과 자신감을 키워주는 노하우가 듬뿍 담긴 이 책은 미래를 이끌어갈 우리 아이들의 훌륭한 길잡이가 될 것이다.

두두물산 대표 **허 정**

두 아들을 키우면서 종종 대화의 벽에 가로막혔다. 막막하고 답답했던 나에게 저자는 자녀와 소통하는 법을 알려줬다. 저자를 통해 말하는 스킬을 넘어서, 마음을 다독이고 내면의 소리를 끌어내는 방법을 배웠다. 일과 가정과 육아의 균형을 잡아준 내 삶의 내비게이션과 같았다. 주변을 밝혀줄 저자의 파워풀한 행보가 기대된다.

(주)에스와이인터내셔널 대표 **엄선영**

디지털 시대가 도래함에 따라 사회가 급변하고 있다는 것은 누구나 느끼는 현상일 것이다. 특히 지난 3년간 코로나19 팬데믹이라는 초유의 사태를 만난 인류는 당황해하면서도 큰 변화를 실감하게 되었다.

다른 측면에서는 4차 산업혁명이 10년 정도 당겨졌고 위기를 극복하려는 모든 분야의 노력이 시대의 판을 더욱 빠르게 바꿔가고 있다. 이러한 변화의 시대는 양극화가 심화될 수 있는 환경이 조성되기도 한다. 시대를 잘 읽고 이끌어가는 사람이 있는가 하면, 현재에 안주하면서 있는 그대로에 만족하는 사람이 있을 것이다.

우리 아이들이 미래를 이끌어가고 다가올 시대에 잘 적응하기 위해서는 부모의 안목이 중요해졌다. 변화된 시대는 SKY 졸업장보다 유튜브와 같은 자신의 관심과 가치를 잘 표현해 내는 도구가 중요할 것이다.

시대의 변화를 일찍 깨닫고 깊이 보는 부모들은 '내 아이의 가치를 발견해 파워 스피치를 만들어가야 한다'라는 확신을 갖게 되었을 것이다. 결국 '나를 브랜딩할 줄 아는 아이'로 키우는 부모의 시대적 안목이 미래를 좌우할 수 있게 된 것이다.

한편 코로나19 때문에 한창 친구들과 어울리고 행복해야 할 아이들이 새 학년이 되어도 친구를 화면으로 보고 수업을 줌으로 들으면서 어색한 만남을 통해 교우관계를 만들어가는 안타까운 현실도 경험했다. '마스크로 얼굴만 가리는 게 아니라 마음까지 가리는 게 아닌가?' 하는 우려를 나타내기도 한다. 실제로 수업에서 만난 아이들이 스스로를 어떻게 표현하며 교우관계를 맺어야 하는지, 상대에게 다가가는 방법은 무엇인지, 생각을 정리해서 표현하는 방법은 어떤 것이 있는지 몰라 학교생활의 어려움을 겪으며 외톨이가 되어가고 있었다.

지난 10여 년 동안 수많은 사람들의 스피치를 코치하면서 언어의 중요성을 실감했다. 스피치는 의사소통을 하면서 내면의 가치를 표현하는 영역인데 이를 자유롭게 하지 못하면 자신감과 자존감이 떨어지게 된다. 또한 대인관계까지 원만하지 못해 학교생활은 물론 사회생활에 어려움을 겪는 사례도 많이 접했다.

하지만 자신감 있게 말하는 것이 전부가 아니다. 나를 잘 이해하면서 친구에게 자신감 있게 다가가는 힘을 키우는 것, 발표를 못해 어려움을 겪는 아이들에게 방법을 제시하는 것, 이 시대에 맞게 나를 잘 살게 하는 것을 말한다. 한 걸음 더 나아가 나의 가치를 찾고 브랜딩을 해서 메타버스(Metaverse) 시대를 선도할 리더로 준비하는 과정을 퍼스널 브랜딩 스피치(Personal Branding Speech)라고 할 수 있다.

누구나 가능한 퍼스널 브랜딩 스피치는 변화를 선택한 사람에게는 언제나 열려 있다. 심리학자 알프레트 아들러(Alfred Adler)의 말처럼 생활양식을 바꾸려면 용기가 있어야 한다. 변함으로 생기는 불안을 선택할 것인지 변하지 않아서 생기는 불만을 선택할 것인지는 본인이 결정하는 것이다. 나는 이 책에서 변화를 선택한 사람들을 위한 방법론을 안내하고자 했다.

1장에서는 판이 바뀌는 시대에 더욱 중요해진 퍼스널 브랜딩 스피치의 필요성을 설명했고, 2장에서는 누구에게나 도전 가능한 자신감 있는 스피치의 중요성을 안내했으며, 3장에서는 어떻게 하면 책을 잘 읽고 내 것으로 만들지를 설명했다. 4장에서는 이 책의 핵심인 말하기의 방법을 자세히 소개했고, 마지막 5장은 쓰기를 통해 생각을 정리할 수 있는 내용을 담았다.

이 책은 미래를 이끌어갈 자녀를 둔 학부모들에게 중점적으로 맞춰 썼지만 퍼스널 브랜딩 스피치는 우리 모두에게 해당된다고 생각한다. 특히 초등학생은 물론 중고등학생, 이 땅의 모든 아이들이 브랜딩을 통해 밝고 건강하게 자라기를 바란다.

이 명 희

차 례

1장

격동의 시대에는
퍼스널 브랜딩 스피치가 뜬다!

2장

누구나 가능한
퍼스널 브랜딩 스피치

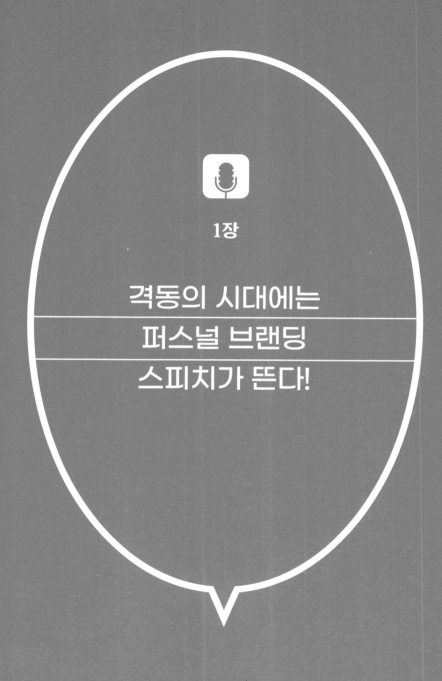

1장

격동의 시대에는
퍼스널 브랜딩
스피치가 뜬다!

...

SKY 졸업장보다
가치 있는 것

경험이 만드는 퍼스널 브랜딩 스피치

누구나 작지만 소중한 재능은 갖고 있기 마련이다. 퍼스널 브랜딩 스피치는 내가 가진 재능을 차별화해서 개성을 살리는 것이다. 운동을 잘하지 못해도 좋아하는 아이, 악기를 다루는 것에 호기심이 있는 아이, 그림 그리기가 재미있는 아이, 게임 삼매경에 빠져서 시간 가는 줄 모르는 아이, 책을 좋아해서 잠을 잘 때도 껴안고 자는 아이, 조용하지만 생각이 많은 아이 등 모두 재능을 가진 아이들이다.

처음부터 굳이 잘하지 않아도 된다. 관심 있는 것을 발견하고 시작해 보는 것부터가 차별화의 출발점이기 때문이다. 이런 경험과 관심을 말로 표현해 본다면 그것이 바로 퍼스널 브랜딩 스피치가 되는 것이다. 이러한 활동이 자신감이 되고 친구들과 소통하는 기회가 된다. 그래서 요즘은 다양한 취미 활동을 통해 만나는 친구들과 좋은 관계를 만들어가는 경우가 많다.

특히 미디어가 발달하고 4차 산업혁명 시대가 되면서 더욱 중요해진 것이 개성과 끼를 살려 나만의 색깔을 만들어내는 것이다. 아무리 기계 문명이 발달해도 인간의 근본인 스스로 존중받고 타인과 더불어 살아가는 것은 변함이 없다. 그래서 우리 아이들이 살아가는 세상은 자신의 재능에 가치를 부여해서 브랜딩하는 것이 무엇보다 중요한 시대가 된 것이다. 어른들은 이미 경험한 것을 바탕으로 브랜딩을 한다면 아이들은 이제부터 시작하는 활동들이 경험화되어 그것을 통해 스스로의 관심을 브랜딩하는 것이다.

《그냥 하지 말라》(북스톤, 2021)의 송길영 저자는 "내가 하고 있는 모든 일상이 데이터가 되고 이는 나만의 독창성을 만들어낸다"라고 했다. 그래서 이러한 독창성이 중요하다는 것을 증명하는 것이 '1인 크리에이티브'다. 크리에이티브는 크게 보면 제작자, 디자이너, 일러스트레이터, 카피라이터 등 창조를 바탕으로 하는 것을 말하는데, 아이들의 경우 노래 부르기, 춤추기, 만들기 등 일상이 브이로그로 표현돼서 사람들의 호응을 얻는 경우도 많다. 브랜딩이란 이런 작은 일상에서 재미를 찾아 내 것으로 만드는 것인데 이것이 말로 표현될 때 바로 퍼스널 브랜딩 스피치가 된다.

앞으로 우리 아이들이 살아가는 세상은 대한민국을 넘어 전 세계를 무대로 하고 가상공간에서 직업을 찾고 경제활동을 하게 될 것이다. 이때 퍼스널 브랜딩 스피치가 가능한 아이와 그렇지 않은 아이는 경쟁력 면에서 많은 차이가 날 것이다. 어른들 중에도 퍼스널 브랜딩의 대표적인 예가 유재석, 백종원, 오프라 윈프리 같은 경우다. 유재석의 경우 겸손함과 재치, 끊임없이 노력하는 자세가 자연스럽게 브랜딩된 경우이고, 백종원은 요리를 하면서 스피치를 통해 요식 업계를 대표하는 인물이 된 경우다. 또한 오프라 윈프리는 어려운 환경에서 자랐지만 역경을 극복하고 많은 사람들에게 용기를 주면서 스스로를 브랜딩한 사람이라고 할 수 있다.

SKY 졸업장이 쓸모없어진다고?

2020년 5월 한 칼럼을 통해 염재호 전 고려대 총장은 "SKY 졸업장은 10년 이내 의미가 없어질 것"이라고 했다. 어쩌면 아직은 실감이 나지 않는 충격적인 말이다. 우리나라의 대학 진학률은 약 70%인데, '대학은 꼭 가야 하는 관문이다'라는 의식이 만들어낸 결과라고 할 수 있다. 특히 SKY 대학에 입학하는 것은 우리나라 부모들이나 학생들에게 어쩌면 모든 것을 투자해도 아깝지 않은 것일지도 모른다. 이러한 현실에서 SKY 졸업장이 10년 이내 의미가 없어지다니, '과연 정말 그럴까?' 하는 의구심을 갖게 한다. 그렇다면 이보다 더 소중한 것은 무엇일까? 미래 세상은 과연 어떻게 변하기에 지금까지 소중했던 것들의 우선순위가 바뀌는 것일까?

최근 전 세계에 불어 닥친 코로나19는 미래 세상을 10년 앞당겼다고 한다. 예루살렘히브리대학교(Hebrew University of Jerusalem) 교수인 유발 하라리(Yuval Harari)는 "2050년에는 신인류가 올 것"이라고 했는데 이는 전혀 다른 세상이 펼쳐진다는 걸 의미한다. 농경사회에서 산업사회 또 그 사회를 넘어 신인류의 사회가 펼쳐진다는 것이다. 신인류 사회에는 우리가 상상하지 못한 일들이 벌어질 것이다. 스마트폰의 등장이 인류에게 하나의 전환점이었다면 신인류 사회는 상상도 못할 문명의 발달이 펼쳐질 것이다.

그럼에도 불구하고 변하지 않는, 아니 변화를 선도할 수 있는 것이 바로 스스로를 브랜딩하는 것이다. 《유튜브의 신》(비즈니스북스, 2018)을 펴낸 '대도서관' 나동현은 가정 형편이 어려워 고등학교밖에 나오지 못했지만 컴퓨터에 관심이 많고 재능도 있었다. IT 분야 대기업에 다니며 인정을 받았지만 불안정한 직장 생활에서 벗어나고자 창업을 꿈꾸었고 벤처 창업을 시작했다. 하지만 투자자를 모집하는 과정에서 고졸 학력 때문에 어려움을 겪게 되었다. 그러나 그는 평소에 게임을 좋아했고 '게임에 가치를 담아 퍼스널 브랜딩을 해야겠다'라는 결심을 실현시키고자 유튜브 채널을 운영하기 시작했다. 스펙, 학력, 소속 등에 얽매이지 않고 스스로를 브랜딩을 한 결과, 오늘날의 그가 되었다고 한다.

대부분의 유명한 유튜버들은 학력을 자랑하지 않는다. 그들 중에 90%는 SKY 졸업장과 무관할 수도 있다. 하지만 이제 광고조차도 지상파 방송을 넘어 유튜브에 마케팅하는 것이 효과적이라고 하는 걸 보면, 유튜브의 힘을 실감할 수 있다.

소소한 일상이 만드는 유튜브 시대

유튜브를 보면 사소하고 평범한 삶이 소개되는 것을 볼 수 있다. 육아 과정, 반려동물 키우기 등 집 안에서 일어나는 일상 이야기에 구독자가 넘치는 것도 보게 되고, 대기업 회장의 자녀가 서투른 솜씨로 피아노를 치는 모습에도 수십만 명의 시청자가 모인다. 이처럼 소소한 것이 유튜브를 만든다고 할 수 있다.

내 모습을 편안하게 드러내는 것이 콘텐츠가 되고 인기를 모은다. 그래서 누구나 손쉽게 유튜브를 만들 수도 있고, 친구가 되기도 하며, 필요한 정보를 마음껏 제공받을 수도 있다. 최근에 '태권도장을 웃음바다로 만든 너무 귀여운 소년'이라는 영상을 보았는데, 조회수가 800만 회를 넘은 걸 보면 평범한 것도 개성이 될 수 있다는 걸 알 수 있다.

아이들이 즐기는 운동, 부모님과 함께 만들어보는 요리, 텐트를 치고 라면을 먹으며 게임을 하는 것, 공부가 안될 때 하는 행동, 화가 났을 때의 모습도 간단한 편집 과정만 거치면 영상물이 된다. 그래서 우리 아이들은 유튜브를 보며 친구들과 대화의 소재를 찾기도 하고 자신이 직접 주인공이 되기도 한다. 그러다 보니 단순한 호기심과 관심이 유튜브라는 플랫폼을 통해 대중문화로 자리를 잡게 된 것이다.

그렇다면 왜 유튜브 시대의 아이들에게 퍼스널 브랜딩 스피치가 필요한 것일까? 스피치라는 것은 생각이 말로 나와서 전달되는 과정이다. 아이들 세계에도 결국 말로 친구를 만들고 의견을 표현해야 하는 것은 당연하기 때문이다. 스피치 수업에서 만난 학생들을 보면 "학교에 가서 공부도 하고 친구들과 놀고 싶은데 어떻게 해야 할지 몰라 학교생활이 재미없어요"라는 얘기를 종종 한다. 이렇게 학교생활을 원만하게 하는 말하기에서부터 작은 일상을 모아 나의 개성을 만들어낸다면 그것이 바로 퍼스널 브랜딩 스피치가 된다.

상위 0.1% 부모만 아는
퍼스널 브랜딩 스피치 파워

퍼스널 브랜딩 스피치는 '자본'이다

요즘은 각자의 개성을 표현하는 수단으로 SNS를 많이 활용한다. SNS에 일상을 올리기도 하지만 주제를 정해 사진이나 영상물도 찍고 생각을 정리해서 올리는 사람들도 많다. 주제가 독특하거나 사람들이 공감한다면 많은 팔로워를 갖게 되고 인기를 얻는 인플루언서가 된다.

인플루언서(Influencer)는, 영어 단어 'Influence'에서 유래되었고 '영향력을 미치는 사람'이라는 뜻이다. 인기 있는 인플루언서는 비즈니스와 연결되어 수익을 창출하게 되므로 마케팅을 하는 사람들에게도 인기가 있다. 또한 긴밀한 의사소통으로 모르는 사람들과도 친밀하고 개인적인 교류를 원활하게 잘한다.

이처럼 시대의 흐름을 아는 인플루언서를 디지털 세상에서 주목하는 이유는 뭘까? 《평범한 사람들의 비범한 영향력, 인플루언서》(이승윤·안정기 저, 넥서스BIZ, 2018)라는 책에서 소개한 내용을 보면 인플루언서가 어떤 영향력을 미치는지 잘 나와 있다.

2016년 에미레이트 항공사는 할리우드 배우 제니퍼 애니스턴(Jennifer Aniston)에게 500만 달러(한화로 약 57억 원)라는 천문학적인 출연료를 지불하고 그녀를 광고 모델로 섭외한다. 그녀의 광고 영상은 수백만 조회 수를 기록하며 인기를 끌었다. 그러나 문제는 마케팅 비용이 너무 많이 드는 것이었다.

이후 항공사는 유튜브 크리에이터인 케이시 나이스탯(Casey Neistat)을 통해 가볍게 마케팅을 시도한다. 항공사는 그에게 퍼스트 클래스 항공권 하나를 제공했고 그가 1등석 자리를 즐기는 모습을 유튜브에 올리면서 몇 달 만에 조회 수 5천만 회 이상을 기록하며 대중의 폭발적인 관심을 받았다. 인플루언서의 재밌는 영상 하나가 엄청난 광고 효과를 만든 것이다. 기내를 호텔처럼 이용하면서 느낀 감정을 자연스러운 말하기로 풀어낸 그는 연예인 못지않은 인기를 누린다.

나를 '인식'시키는 자기소개

세계적인 경영 컨설턴트 톰 피터스(Tom Peters)는 "퍼스널 브랜드가 개인의 성공 요소로 작용할 것이다"라고 예측했다. 요즘 인기 있는 1인 크리에이터는 퍼스널 브랜드의 힘을 잘 보여주는 대표적인 사례다. 초등학생 때부터 유튜브를 시작해 고등학생이 된 지금까지 구독자 수 100만 명을 돌파한 '마이린 TV'의 주인공 '최린'은 인기 유튜버로 활동 중이다. 인기 크리에이터와의 인터뷰, 보드게임, 힐리스, 스퀴시 슬라임 등 다양한 장르로 시청자를 사로잡으며 또래 크리에이터들과의 컬래버레이션을 통해 다양한 정보와 재미를 제공한다.

이 채널의 주인공은 말 실력이 뛰어나다. TV 방송에서 다른 출연자들이 '리틀 유재석'이라고 불러줄 만큼 재치 있고 여유 넘치는 말하기를 한다. 게다가 발음이 분명해 어떤 말을 해도 안 들리는 단어가 없이 전달력이 매우 뛰어나며, 비언어 활용도 잘해서 자연스러움을 느끼게 한다.

최근에 인기 있는 트로트 가수 정동원과 파자마 파티를 하면서 진실 게임, 야식 먹방, 카트 게임을 하는 모습을 유튜브에 올렸는데, 재치 있는 표정과 말을 잘 표현해서 시청자들에게 큰 재미를 제공했다. 상대가 말을 할 때도 경청 태도가 좋아서 질문도 잘하고 엉뚱한 말을 해도 재미가 있다. 이처럼 내가 관심 있는 분야를 찾고 나답게 표현하는 것이 바로 퍼스널 브랜딩 스피치의 핵심이다.

또한 '나'를 인식시키는 방법으로 자기소개를 잘하는 방법도 있다. 자기소개는 모르는 사람들 앞에서 나를 알리는 순간이다. 새

학년이 되거나 전학, 진학을 하면 자기소개로 친구들 앞에 서게 될 것이다. 그때 자신의 취미나 특기를 넣어서 소개하면 잘난 척으로 오해를 받을 수도 있다. "나는 바이올린도 잘 켜고 스케이트도 잘 타고 책 읽는 것도 좋아"라는 말보다 여기에 스토리를 넣어서 공감을 하게 말하면 좋다. 예를 들면 이렇게 소개를 하는 것이다.

"얘들아, 만나서 반가워. 내 이름은 예담이야. 우리 가족은 교회를 다니는데 아빠가 예수님 닮은 사람이 되라고 지어주셨어. 바이올린을 배운 지는 1년밖에 안 돼서 잘 못하지만 듣는 것도 좋아해. 스케이트는 엄마, 아빠랑 가끔 타는데 씽씽 달릴 때는 재미있지만 넘어져서 엉덩방아를 찧을 때도 있어. 최근에 재미있게 본 책은 《톰 소여의 모험》이야. 주인공 톰 소여가 공부에는 관심이 없고 천방지축 개구쟁이로 살아가다 무서운 사건에 휘말리면서 오히려 영웅이 되는 이야기인데 재미있게 읽고 있어. 개구쟁이 행동을 하는 톰 소여가 조금 부럽기도 했었나 봐. 앞으로 친구들과 같이 잘 지내면서 운동도 하고 책도 함께 읽으면서 친해지고 싶어. 지금까지 예수님 닮고 싶은 예담이었어."

간단한 자기소개이지만 스토리가 들어가면 공감도 되고 기억에 남을 수 있다. 자기소개는 서로 모르는 상태에서 내가 누구인지를 인식시키는 순간이다. 이때 다양한 경험을 얘기하면 친구들의 기억에 남아 학교에서 체육대회, 음악회, 만들기 대회 등 다양한 행사를 할 때도 추천을 받을 수 있다.

메시지가 자본이 되는 시대

판이 바뀌는 디지털 시대에 생산의 주체에서 밀려나지 않으려면 어떻게 해야 할까? 가장 좋은 방법은 자기 삶의 주도권을 갖는 것이다. 누군가의 선택을 받는 것이 아니라 내가 선택하는 삶을 살기 위해서는 나만의 강력한 무기가 필요하다. 언제든지 다른 사람으로 대체될 수 있다면 굳이 내가 필요하지 않기 때문이다. 그래서 스티브 잡스는 "훌륭한 이들은 스스로 관리하지 남의 관리를 필요로 하지 않는다"라는 말을 남겼다.

우리 아이들이 사는 세상은 자기표현을 자유롭게 해야 내 것에 자신만의 의미를 부여할 수 있다. 이제는 스스로 경험한 것의 흔적을 남기고 성장의 기록을 쌓아 나의 프로필을 직접 만들어가야 한다. 이 프로필은 계속해서 자신의 '자본'으로 남게 된다.

유튜브에서 본 이동진 청년이 생각난다. 이 청년은 학창 시절 성격이 소심하고 자신감이 없는 아이였다. 공부도 못해서 대학 입시에 낙방을 하고 그때야 문득 정신을 차리게 되어 재수를 결심했다. 1년 동안 핸드폰도 없애고 친구들과도 연락을 끊고 오직 공부에 매진해 경희대학교 건축과에 들어갔다. 그 후 자신을 단련하기 위해 마라톤 풀코스, 철인 3종 경기도 하고 해병대에 지원했다. 이어 히말라야 5,800미터 등정, 울진에서 독도까지 240킬로미터 바다 수영, 아마존 정글 마라톤 222킬로미터 완주 등을 했다. 그리고 뉴욕에서 LA까지 6,000킬로미터를 자전거로 횡단하고 단돈 8만

원을 들고 영국으로 건너가 11개국 세계 일주를 했다.

그는 이렇게 다양한 경험을 하는 동안 모든 경험을 기록으로 남겨놓았다. 그의 꿈은 파일럿이 되는 것이었다. 한국에서 파일럿이 되는 것이 여건상 어려울 것이라는 판단을 했고, 미국에 있는 여러 대학에 지원서를 낼 때 지금까지의 경험을 영상에 담아 프로필을 만들어 자기 주도적인 삶을 증명했다. 결국 여러 대학에서 입학 허가를 받게 되어 공부를 마쳤고 지금은 파일럿이 되었다.

누구나 많은 경험을 하고 산다. 하지만 그 경험을 흘려보내지 않고 정리하면 기회를 만들어낼 수 있다. 《그냥 하지 말라》 송길영 저자는 "당신의 모든 것이 메시지다"라는 말을 했다. 아이를 키우면서 겪게 되는 모든 경험도 모이면 결국 그 아이만의 메시지가 되고 '자본'이 되는 것이다. 앞으로의 시대는 물건을 소비하는 것이 아닌 '의미'를 소비한다. 그래서 모든 삶을 흘려보내지 않고 의미를 담아야 한다. 그리고 그 의미가 공감을 얻으려면 쉬운 설명이 필요하다. 상징과 스토리를 담아 나의 의지를 이해하는 사람, 내 고민의 가치를 알아주는 사람이 나타나면 기회가 되는 것이다.

읽기와 쓰기도 퍼스널 브랜딩 스피치를 위해서!

말하기, 읽기, 쓰기는 떼려야 뗄 수 없는 관계다. 쓰기를 잘하고 읽기만 꾸준히 한다고 말을 잘하는 것은 아니다. 나는 그동안 수업을 하면서 브랜딩 스피치에 중점을 두고 쓰기와 읽기를 교육했다. 퍼스널 브랜딩 스피치는 자신의 관심과 경험을 바탕으로 표현하는 것이다. 이런 스피치 소재를 바탕으로 글을 쓰다 보면 생동감 있는 글쓰기가 된다. 또한 글을 읽을 때에도 관심 있는 분야는 흥미와 다양한 호기심도 생길 것이다.

눈 뜨고 일어나면 새로운 것이 생기는 변화무쌍한 시대를 살아가야 하는 현실 앞에 우리 아이들을 어떻게 성장시킬 것인가를 고민해야 할 때다. 변화하는 시대에서 무한 경쟁 레이스에 살아남으려면 나만의 무기가 있어야 하는데, 그것이 곧 독창성으로 증명되고 자신만의 차별화된 퍼스널 브랜딩 스피치의 근본이다.

그저 자신감 있게
말하기가 아니다

예의 있게 인사만 잘해도 매력이 된다

요즘은 말을 잘하는 사람이 많다. TV나 유튜브를 봐도 자신감 있게 말하는 사람들이 넘쳐난다. 그런데 '말을 유창하게 잘 하는 것'과 '퍼스널 브랜딩 스피치'에는 다른 점이 있다. 바로 퍼스널 브랜딩 스피치는 '매력 있는 말하기'라는 것이다.

많은 말을 하지 않아도 호감이 가게 말하는 사람이 있다. 이들은 자신만의 개성을 찾아 예의를 갖추고 대화하거나 공감하는 말하기를 하기 때문에 상대방에게 매력적으로 느껴지게 한다. 매력 있는 말하기는 유창한 단어를 구사하지 않아도 작은 행동을 통해 표현할 수도 있다. 예를 들면 상황에 맞게 상대에게 인사를 잘하거나, 도움을 받으면 "감사합니다"라고 표현하는 것이다. 엘리베이터를 사용할 때나 여러 사람이 모이는 장소에서 밝은 목소리로 인사하는 것도 마찬가지다.

아이를 매력 있는 사람으로 키우기 위해서는 말과 행동을 바르게 하는 예절 교육을 시켜야 한다. 또한 행동에 대한 명확한 기준을 세워주고 훈육을 해야 한다. 부모가 일관성 있게 올바른 기준으로 훈육을 하면, 아이는 버릇없는 행동을 하지 않고 예의 바른 태도로 말할 수 있게 된다.

그러기 위해서는 부모가 먼저 올바른 양육자가 되어 아이의 모범이 되는 것이 중요하다. 일상에서 이웃에게 먼저 인사를 하거나 식사 예절을 지키는 모습, "고마워요", "미안해요" 등 상황에 맞는 감정을 정확하게 표현하는 부모를 보며 아이들은 자연스럽게 배운다.

기본적인 교양을 익히게 하라

교양교육은 그리스 로마 시대의 자유교육(Liberal Education)에서 유래했다. 자유교육은 대상에 대한 자유가 아니라 교육을 통해 인간의 자유를 추구하는 것이다. 또한 교양은 인간다운 삶을 누릴 수 있는 기본 소양을 의미하며 어떤 일을 할 때 필요한 지식이나 마음가짐을 갖는 것이다.

한국교양기초교육원 자료에 따르면, 교양교육의 정의는 '학업의 전문성을 넘어 사람 간의 폭넓은 이해를 바탕으로 올바른 세계

관과 건전한 가치관을 학생들에게 교육하는 것'이다. 아이들은 교양교육을 통해 소통과 공감, 협동 능력과 합리적 사고, 감성적 정서 능력을 배우게 된다. 책을 읽고 자연을 체험하며 다양한 교우관계를 통해 인간다운 소양과 품성을 키우고 이타적인 사고를 갖게 된다. 이러한 교양교육을 통해 소양을 갖춘 아이들은 무례한 행동을 하지 않는다.

무례한 아이는 부모, 교사, 친구 등과 갈등을 겪게 되고 스스로도 고립감을 느끼며 억지로 분위기를 제압하려 든다. 최근 화제가 되고 있는 채널A 〈요즘 육아 금쪽같은 내 새끼〉를 보면 깜짝 놀랄 만큼 무례한 아이들이 많다. 하지만 상대의 말을 듣지 않고 욕설이나 상처 주는 말을 하고 소리를 지르거나 지나치면 폭행을 하기도 한다.

그런데 이러한 행동을 하는 아이들도 스스로 고통을 느낀다. 그래서 부모는 아이들의 감정을 잘 읽고 적절한 방법으로 표현할 수 있도록 노력해야 하며, 부모 자신이 먼저 본보기가 되는 것이 중요하다. 때로는 엄하게 규칙을 정하고 훈육 과정에서 생기는 불편함도 잘 지켜야 한다. 결국 부모의 노력과 선생님의 관심이 있어야 예의를 갖춘 올바른 아이가 되며 건강한 사회 구성원이 된다.

올바른 교양교육은 상대방을 공감하게 하고 배려하게 하며 상황 판단력을 키워 좋은 인성을 만든다. 친구가 어려움을 겪을 때 손 내밀어 도움을 주고 함께할 수 있는 마음을 키워준다면 우리나라의 미래는 밝을 것이다. 머리보다 마음을 쓰는 아이가 국가와 사회에 필요한 리더가 될 것이다. 아무리 첨단 기술이 발달해도 인성이 갖춰지고 목표 지향보다는 관계를 먼저 소중하게 생각하는 아이야말로 매력 있는 사람이 될 것이다.

세상을 변화시키는 생각

디지털 기술의 발전은 시간과 공간을 뛰어넘어 사람들을 소통하게 한다. 디지털 사회에서는 컴퓨터를 사용하는 능력을 뛰어넘어 사이버 공간에서 다양한 정보를 올바르게 판단하고 수용할 수 있는 능력까지 갖추어야 한다. 이때 필요한 것이 '디지털 리터러시(Digital Literacy)'이다.

디지털 리터러시라는 용어는 폴 길스터(Paul Gilster)에 의해 처음으로 사용되었는데, 단순히 컴퓨터를 사용하는 능력이 아니라 인터넷에서 검색한 정보를 제대로 판단하고 올바르게 사용하는 능력이다. 우리 아이들이 살아가야 하는 세상은 이러한 디지털 시대의 흐름을 읽는 것이 너무도 당연하게 될 것이다. 4차 산업혁명의 핵심 역량이라 할 수 있는 창의성, 의사소통 능력, 협동심, 비판적 사고, 문제해결 능력, IT 스킬, 컴퓨팅 사고 등이 갖춰지지 않으면 뒤처질 수밖에 없다.

빌 게이츠, 스티브 발머에 이어 마이크로소프트의 제3대 CEO인

사티아 나델라(Satya Nadella)는 현재 190개 국에 직원 10만 명을 거느린 MS왕국을 재건했다. "윈도를 넘어 클라우드로 그리고 그 너머의 미래로!"라는 슬로건 아래 인간과 인공지능, 혼합현실, 양자 컴퓨팅이 존재하는, 마이크로소프트를 꿈꾸고 만들어가는 기술의 미래상을 계획한다.

그는 마이크로소프트의 정신으로 '성장하는 사고'를 강조했다. 기회가 있을 때마다 성장하는 사고를 분명하게 드러내고 실현하기 위해 업무 관행과 행동을 바꿀 기회를 만들라고 한다. 모두가 대화에 참여해 자신만의 목소리로 자신만의 경험을 이야기하는 방법으로 세상을 변화시키는 생각을 하게 하는 것이다. 그야말로 브랜딩된 직원만 존재하는 회사 구조를 만들어 오늘날의 거대 기업을 만들어가는 것이다.

사티아 나델라의 아버지는 고위 공무원으로 아들이 더 큰 꿈을 꾸고 세상에 나아가기를 바랐다. 어머니는 온갖 불리한 여건 속에서도 교수라는 직업을 지키며 아이들을 양육했다. 그의 어머니의 가정교육은 늘 행복하게 살라는 당부 이외는 어떤 것도 강요하지 않는 것이었다. "돌이켜보면 나는 지적 활동을 향한 아버지의 열정과 균형 잡힌 삶을 향한 어머니의 바람으로부터 골고루 영향을 받았다"라는 말이 책에 나온다. 이러한 가정교육이 오늘날 세계를 움직이는 그를 만들었다고 생각된다.

미국 주식 관련 유튜브 채널을 운영하며 최근에 한창 인기를 끌고 있는 유튜버 '뉴욕주민'은 민사고 출신으로 삼십대 초반에 월스트리트 내 부자가 되었다. 최근까지 100억 달러(약 11조 원) 규모의 사모펀드 헤지펀드 팀에서 트레이더로 일했고 현재 뉴욕 내 다른 펀드로 이직을 앞두고 있다.

그녀의 아버지는 자식이 의사나 판사가 되어 안정적인 삶을 살기를 바랐고, 와튼스쿨 유학도 반대했다. 그러나 그녀의 꿈은 세계 무대였다. 아버지보다 더 큰 사람이 되기 위해 반항심으로 월스트리트 행을 고집했지만 지금은 아버지를 가장 존경하는 사람으로 꼽는다. 그녀는 자신이 배운 금융 지식을 자신만의 스토리로 브랜드화해서 많은 사람과 공유하며 보편화하고 있다고 한다.

이처럼 세상은 나날이 변화하고 있다. 우리 아이들이 살아갈 미래 세상은 전 세계를 넘나들며 공부하고 직업을 찾고 삶을 살아갈 것이다. 세상을 변화시키는 생각을 갖지 않으면 따라갈 수 없는 세상이 되는 것이다. 그래서 자신만의 차별화된 매력을 만들고 예의를 갖추며 인성이 기본이 되어야 한다. 디지털 시대의 흐름을 알고 변화에 민감한 아이로 성장해야 하는 것이다. 그것이 바로 퍼스널 브랜딩 스피치이며 다른 아이들과 구별되는 아우라가 될 것이다.

...

'나'를 브랜딩 할 줄 아는
아이로 키우기

미래형 인재로 키우는 방법

코로나19 팬데믹을 거쳐 뉴노멀(New Normal) 시대가 오고 있다. 전 세계를 휩쓸었던 코로나19가 서서히 안정기에 접어들면서 큰 변화를 맞이하게 되었다. 이제 내가 알던 세계가 깨지고 새로운 것을 볼 수 있는 안목을 절실하게 요구하는 시대가 된 것이다. 로봇 기술의 발전으로 직업의 판도가 바뀌고 있으며 이에 따라 우리 아이들이 살아갈 세상도 급속도로 변화되고 있다고 볼 수 있다.

요즘 듣는 취업시장 얘기로 "공채가 사라지고 있다"라는 뉴스가 자주 나온다. '공채를 폐지하고 필요할 때마다 인력을 선발해서 부족한 인력을 채우는 것이 효율적'이라는 판단이 공채를 폐지하게 된 이유다. 상시 채용을 통한 직무에 필요한 역량만으로 회사 업무를 충분히 해낼 수 있으며 불필요한 스펙 경쟁도 줄어들게 하는 효과가 있다. 과거에는 국가 경제가 급성장하면서 많은 인재를 필요로 했기에 공채 제도를 활용했지만 이제 시대가 바뀐 것이다.

또한 평생직장 개념도 사라져가고 있다. 일례로 한 기업 면접 질문에서 "우리 회사에 입사하면 평생직장으로 생각할 것인가요?"라는 질문에 "그렇습니다"라고 대답한 응시자가 떨어지고 "열심히 능력을 키우고 최선을 다한 후 이직도 고려해볼 것입니다"라고 답한 응시자가 합격했다는 이야기가 있다. 이처럼 평생직장의 개념도 시대에 따라 변화되고 있다.

세계적인 석학 다니엘 핑크(Daniel Pink)는 그의 저서 《새로운 미래가 온다》(김명철 역, 정지훈 감수, 한국경제신문사, 2020)에서 "자기 자신을 차별화해 프리 에이전트(Free Agent)로 나아가야 한다"라고 말한다. 이는 일정 기간 동안 자신이 속한 팀에서 활동한 뒤 다른 팀과 자유롭게 계약을 맺어 이적할 수 있는 자유 계약 제도가 펼쳐진다는 말이다. 어디 그뿐인가? 사회 전반적인 문제에서도 연구자들은 향후 30년간 인류가 경험하지 못한 대격변을 겪을 것이라고도 예언한다.

우리 아이들이 살아갈 세상은 에너지 문제, 인구 문제, 물 부족 문제, 고령화, 자연재해 등 사회적인 문제와 경제 양극화, 일자리 쇼크, 세계적인 공황 등 미래의 변화를 받아들이고 스스로의 삶을 개척해 가야 한다. 이렇게 판이 바뀌는 세상에서 우리 아이가 살아남으려면, 미래형 인재로 아이를 키워야 하는 지혜와 통찰이 요구되는 시대다. 그렇다면 어떻게 내 아이를 시대에 맞는 미래형 인재로 키울 수 있을까?

폭넓은 독서

독서는 자신의 생각을 말과 글로 정리하는 사고력을 키운다. 요즘은 스마트폰과 컴퓨터로 인해 독서가 쉽지 않은데 그럼에도 불구하고 다양한 사고력을 키우기 위한 읽기, 말하기, 쓰기는 반드시 필요하다. 독서 계획을 세우고 꾸준히 책 읽기를 해야 된다.

다양한 경험

미래 사회는 지식 융합 사회다. 다양한 경험은 다양한 생각으로 이어져 창의성을 발휘하고 폭넓은 안목을 갖게 한다. 창의성은 경험하지 않고는 개발되지 않는다. 아이가 관심 있어 하고 좋아하는 것 위주로 생각을 만들고 만지는 과정을 다양한 분야에서 경험해야 한다.

균형 있는 뇌 발달

좌뇌는 자세히 분석하고 분류하는 능력으로 세부 항목을 이해하게 하고, 우뇌는 관계에 초점을 맞춰 큰 그림을 그리게 한다. 기존 사회는 좌뇌를 잘 이용하는 사람들이 주도했지만 새로운 시대는 감성적인 우뇌도 개발해 양쪽 뇌를 균형적으로 활용해서 미래를 예측하고 대처해 나갈 수 있어야 한다.

긍정 마인드

하고 싶은 일에 목표를 세우고 한 가지씩 이루어나갈 때 자신감도 생기고 끈기와 인내심도 생길 것이다. 할 수 있다는 긍정적인 생각이 실패를 두려워하지 않게 하고 새로운 경험을 할 때도 큰 용기가 될 것이다. 또한 어릴 때부터 시간을 관리하는 방법을 실천해보는 것도 미래형 인재로 나갈 수 있는 기본이 된다.

《앞서가는 아이들은 어떻게 배우는가》(신동숙 역, 아날로그, 2019)의 저자 알렉스 비어드(Alex Beard)는 "기계 문명이 발달해도 현재까지 사람들이 우위를 차지하고 있는 분야는 새로운 발상이나 아이디어를 내고 창조성을 발휘하는 것 그리고 말하기, 읽기, 쓰기, 듣기 같은 복잡한 의사소통 능력과 막대한 양의 복합적인 감각 정보를 동시에 처리하고 적절히 대응하는 능력"이라고 했다. 이러한 방법은 미래형 인재를 만들고 스스로를 브랜딩하는 기본 조건이 될 수 있다.

초중고 시절의 '브랜딩'이 미래를 결정한다

초중고 시절은 청소년기로, 한 인간으로 성장하는 가장 중요한 시기다. 부모의 보살핌과 사회 제도가 이들을 건강하게 성장할 수 있도록 보호해야 한다. 지금처럼 급변하는 시대는 특히 아이들의 개성과 끼를 살려주고 국제무대에서도 우뚝 설 수 있는 토대를 마련해 주어야 한다.

어린 시절 자신의 개성을 찾고 가수 활동을 하다 지금은 미국에서 변호사를 하고 있는 가수 출신 이소은 씨를 소개해 본다. 그녀는 평범한 학창 시절을 보내다가 우연히 열여섯 살 때 화려하게 가요계에 데뷔했다. 가수 활동을 하면서도 토플 점수 만점을 받으며 고려대 영문과에 입학했다. 그 후 가수 생활을 접고 미국으로 건너가 로스쿨에 지원해 뉴욕에서 변호사 시험에 합격했다.

언뜻 보기에는 모든 일이 쉽게 풀린 것 같은 그녀도 로스쿨 1학년 때에는 꼴찌에 가까운 성적을 받고 좌절하기도 했다. 그때마다 그의 아버지는 "잊어버려"라는 말로 위로를 했다고 한다. 그녀는 "잊어버리라는 아버지의 말은 내가 한 실수와 판단 착오로 인해 고뇌에 빠지지 않고 나를 용서하는 동시에 후회의 늪에서 벗어나게 해주는 진정제와 같았다"라는 말을 했다.

사립대 교수였던 아버지는 학내 민주화를 요구하다 파면을 당해 가족을 데리고 학비가 싼 웨스트버지니아대학교(West Virginia University)로 유학을 갔다. 그녀가 미국에서 초등학교를 다닐 때는 프리 런치(무상급식)를 받을 만큼 집이 가난했다고 한다. 그녀의 부모님은 어려운 환경 속에서도 "괜찮아. 우린 해낼 수 있어"라는 말을 했고 어려움을 극복할 수 있었다고 한다.

그녀의 아버지는 잘 자라준 자녀들을 보면서 《나는 천천히 아빠가 되었다》(이규천 저, 수오서재, 2018)라는 책을 내기도 했는데 책 내용 중 기억에 남는 것은 "절제된 간섭, 아이의 자존감, 부모의 인내심, 원활한 가족관계는 아이들이 성장하는 과정에서 중요한 환경적 요인이다"라는 말이다. 어린 시절 어려움을 겪을 때마다 부모님의 위로와 격려가 그녀의 자존감을 높여줬고 자신이 누구인지 무엇을 좋아하고 관심 있는지를 찾아 스스로 브랜딩을 했기에 힘든 일들을 이겨낼 수 있었다던 그녀를 보면 조금은 느린 스타일이지만 끈기로 멋진 인생을 펼쳐나간 사례라고 할 수 있다.

우리 아이들이 20대가 되면 어떤 세상이 찾아올까

미래는 누구에게나 오는, 막을 수 없는 현실이다. 미래는 부모인 우리에게도 한창 성장하고 있는 아이들에게도 어김없이 다가올 것이며, 그 미래를 준비하는 자에게는 기회를 만들어가는 과정이 될 것이다. '천조자조(天助自助, 하늘은 스스로 돕는 자를 돕는다)'라는 말도 있듯이, 준비하고 노력해야 기회가 왔을 때 잡을 수 있는 법이다. 아이들의 성장 과정에서 시대적 안목을 키우는 것은 매우 중요한 일이며 특히 급변하는 세상을 읽어 아이들의 미래를 준비시키는 것이 부모의 역할이 된 것이다.

10년 후면 지금 10대 아이들이 20대가 되어 사회 초년생으로 출발하는 시점이 될 것이다. 지금까지 선호했던 직업의 유형도 바뀌고 사회의 흐름도 상상하지 못할 정도로 변화될 것이다. 그래서 도전 정신을 바탕으로 내 가치를 스스로 찾는 사람만이 미래 세상의 흐름을 탈 것이다. 안정적인 대기업보다 조금은 불안정하지만 성장 가능성이 크고 글로벌화할 수 있는 스타트업이 인기 있는 이유도, 미래를 보는 안목이 있는 사람들이 선택하기 때문이다.

성공한 창업가들이 알려주는 인재 요건

스타트업은 개인이나 소수가 위험성은 크지만 성공할 경우 높은 수익이 예상되는 신기술과 아이디어를 독자적인 기반 위에서 사업화하는 신생 벤처 기업을 일컫는다. 그래서 "100명의 사람에게 100가지의 스타트업 방식이 있다"라는 말이 있다.

누가 정의하느냐, 어떤 가치에 초점을 맞추느냐에 따라 다양한 결과를 가져오는 것이 스타트업의 핵심이다. 그래서 흔히 '극한의 불확실성', '확장성과 성장성', '문제해결', '파괴적 혁신(Disruptive Innovation)'이라는 말로 설명한다. 성공한 스타트업 창업가들이 말하는 인재 요건 세 가지를 소개해 보고자 한다.

문제해결 능력

가설을 만들어 검증하고, 아이템을 개선하고, 고객의 니즈를 파악해서 일을 처리하는 과정과 순서를 통해 문제를 해결해 나가는 능력이다. 본인이 과거에 업무를 진행하면서 문제해결을 했던 경험을 토대로 창조성을 만들어가는 것이 중요하다.

분명한 목표

강한 집착으로 불확실성을 확실성으로 만들 때 분명한 목표 없이는 해내기 어렵다. 스타트업으로 단기간에 성공한 '크레이버(Craver, 구 비투링크)'는 국산 화장품을 중국, 동남아시아에 공급하는 유통 채널인데 회사 설립 2년 반 만에 연매출 350억 원을 달성해 스타트 업계에서 플레이어로 떠올랐다. 이소형, 박현석 공동 창업자는 스타트업에서의 인재에 대해 '분명한 목표와 강한 집착력을 바탕으로 문제해결 능력이 있는 사람'이라고 말했다.

도전 정신

커리어 개발을 위해 새로운 분야를 시작할 때나 새로운 업무를 추진할 때도 도전 정신을 통해 도약할 수 있다. 본인의 부족함을 인정하고 실수도 받아들일 수 있는 사람, 주인의식을 갖고 창업가 정신을 공유하는 사람, 다양한 업무도 해결할 수 있는 능력을 가진 사람을 스타트업 인재로 꼽았다. 이 모든 것은 결국 스스로의 가치를 찾아 브랜딩이 되는 과정을 거쳐 결과를 만들어낸다.

시대의 변화는 늘 있었고 앞으로도 더 빠르게 다가온다. 판이 바뀌는 디지털 세상에 살아남는 방법은 개인의 가치를 발견하는 것과 그것을 표현해서 내 능력을 인정받는 것이다. 그것이 곧 브랜딩이고 이는 차별화된 스피치를 통해 완성된다.

. . .
메타버스 시대를
선도할 리더로!

가상과 현실이 공존하는 세상

메타버스는 가상, 초월을 의미하는 '메타(Meta)'와 세계, 우주를 의미하는 '유니버스(Universe)'를 합성한 신조어로 닐 스티븐슨(Neal Stephenson)의 소설 《스노우 크래시(Snow Crash)》(1992)에서 가장 먼저 쓰였다. 그래서 메타버스는 현실 세상이 아닌 '가상 세계' 또는 '가상 우주'라고 번역된다.

이 새로운 가상 세계는 3차원으로 되어 있어서 현실에서의 행동을 그대로 구현할 수 있다. 현실처럼 걸을 수 있고, 전시회를 볼 수 있고, 마이크로 대화할 수도 있다. 비대면 수업을 예로 들자면, 선생님이 말하는 화면을 보고 공부하는 것이 아니라 마치 실제로 교실에 선생님과 학생들이 모여 있는 것처럼 공부할 수 있다. 즉 메타버스 시대에는 가상공간과 현실을 넘나들며 활동을 할 수 있다.

완전히 새롭게 생긴 개념은 아니다

가상 세계에 대한 개념은 계속해서 존재해 왔다. 현재 '디지털 트윈(Digital Twin)'이라는, 현실의 사물과 공간을 똑같이 복제한 디지털 가상 세계도 존재한다. 그럼에도 메타버스가 유독 주목받는 이유는 코로나19 때문이다. 코로나19의 유행은 4차 산업혁명을 빠르게 발전시켰다. '줌(ZOOM)'을 이용한 비대면 교육이 우리가 흔히 접할 수 있는 4차 산업혁명의 예시다. '줌'이라는 통신 기술로 만들어진 모임 공간에 모여서 실제 생활을 위한 공부를 하는 것이다.

코로나19로 대면과 접촉이 불가능해지자 사람들은 가상공간에 모이기 시작했다. 출퇴근과 재택근무를 병행하기도 했다. 직장인들은 새로운 업무 환경을 겪으면서 본인의 삶이 바뀌고 생산성이 높아지는 것을 느꼈다. 동시에 기업에서는 직원들의 생산성을 향상시킬 시스템을 마련해야 했다. 그 예로 SK는 한 디자이너에게 온라인과 오프라인을 연결할 수 있는 공간을 마련해달라고 요청했다 (김한, 《스마트오피스 레볼루션》, 라온북, 2021).

그 결과, 사람들은 줌이나 구글 미트(Google Meet) 등을 활용해 2차원 가상공간에서 일하는 것을 넘어서, 3차원 공간에서 활동하기 시작했다. 그 예시가 제페토에서 구찌, 삼성전자, CU 등의 매장이 입

점해 물건을 파는 것이다. 가상공간에서 활동하고 돈을 벌 수 있게 되자 사람들이 메타버스를 주목하게 된 것이다.

메타버스와 함께하는 시대는 가상공간과 현실을 넘나드는 세상이다. 현실과 가상을 오가며 일을 하고 돈을 벌 수 있다. 그러다 보니 기업에서도 자연스럽게 메타버스 시대를 이끌어갈 인재를 찾게 되었다. 정부에서도 데이터와 인공지능(AI) 인재 양성에 심혈을 기울이고 있다. 그러므로 메타버스 시대에서 일하는 방식을 이해하지 못한다면 살아남을 수 없다.

계층이 더 벌어지는 시대

메타버스 시대를 선도하는 것이 중요한 이유는 기본적으로 생계와 관련 있기 때문이다. 2020년 초부터 시작된 코로나19 팬데믹은 우리의 일상을 송두리째 바꿔놓았다. 그중 가장 눈에 두드러지게 나타난 현상은 계층 간의 경제적 수준 격차다. 2년이 지난 지금, 서민들은 장보기가 무서워 마트나 시장에서 물건을 들었다 놨다 하지만, 백화점은 매출이 16% 증가했다. 거기에 면세점도 가세해 코로나19 팬데믹 전보다 6.8% 정도 매출이 증가하고 고급 승용차나 전문 소매점도 매출이 꾸준히 상승하고 있다고 한다. 이는 명품이나 고가품을 선호하는 소비자가 증가하고 있다는 말이다.

코로나19 시대에 계층 간 경제적 수준이 급격하게 벌어진 이유는 소득 격차와 인플레이션의 영향이다. 같은 가격의 같은 물건을 구매하더라도 저소득자와 고소득자는 물건을 사고 난 후의 여윳돈에 차이가 있다. 어쩔 수 없이 여윳돈이 더 많은 고소득자가 부를 축적하기 쉽다. 나아가 고소득층은 투자 또한 과감하게 할 수 있어 '부를 통한 부'를 계속 창출해 내는 구조가 된다. 우리 아이들은 이렇게 벌어지고 있는 계층 시대를 살아가야 한다.

메타버스 시대에 맞는 인재 되기

코로나19로 인해 벌어진 소득 격차를 줄이기 위해서는 좋은 대우를 받아야 한다. 좋은 대우를 받는다는 것은 높은 연봉을 받거나 많은 투자를 받는 것을 말한다. 고소득은 생활 유지뿐만 아니라 구매력과도 연관된다. 그리고 구매력은 또 삶의 질과도 연결이 된다. 그렇기에 기업에서 인정받는 인재가 되는 것이 중요하다. '우리 아이가 어른이 되었을 때 기업들이 원하는 인재가 되기 위해서는 지금부터 어떤 준비를 해야 할까?' 하고 고민해야 한다. 앞으로의 미래는 단언컨대 메타버스의 시대다. 그러므로 메타버스 시대를 선도할 수 있도록 아이를 교육해야 한다.

2022년 4월, 김정호 카이스트 교수가 '인공지능과 메타버스 시대의 기술혁신과 인재육성'이란 강의를 했다. 김 교수의 강의에 따르면, 메타버스 시대의 중요한 자질로는 수학 실력, 알고리즘 사고 능력, 컴퓨터 반도체 지식, 전문 분야 지식, 공학 설계 캐드 능력 등이라고 했다. 또한 AI 활용 능력 외에도 소통·협업 능력이 필요하다고 했다. 한 분야만 뛰어난 것이 아닌 기술력을 바탕으로 타인과 AI와 자연스럽게 협력할 수 있어야 한다는 말이다.

메타버스는 개인이 상상한 결과를 3차원으로 구현하고, 메타버스 내의 사람들과 소통하며, 현실 세계에 있는 것처럼 일하는 공간이다. 그러므로 이런 가상과 현실을 연결할 수 있는 인재에게는 큰 보상이 주어질 것이다. 가상과 현실을 연결하고 메타버스 내에 자신의 공간을 만들어 사람들과 소통하려면, 자신만의 공간을 의미하는 특별한 것이 필요하다. 개인이 만들어낸 가상공간을 알리려면 자신만의 브랜드를 만들어야 한다. 자신만의 브랜드를 만드는 것, 이것이 퍼스널 브랜딩이다.

메타버스 시대는 자신만의 브랜드를 갖춘 사람만이 살아남을 수 있는 시대다. 그래서 퍼스널 브랜딩 스피치를 통해 메타버스 시대에 경쟁력을 갖춘 인재로 육성하는 것이 필요하다. 4차 산업혁명은 초연결(Hyper-Connectivity)과 초지능(Super-Intelligence)을 특징으로 하기 때문에 구별화된 사람만이 경쟁에서 이길 수 있다. 이것이 바로 생각의 틀을 깨고 자신만의 색깔을 분명하게 나타내는 퍼스널 브랜딩 스피치가 필요한 이유다.

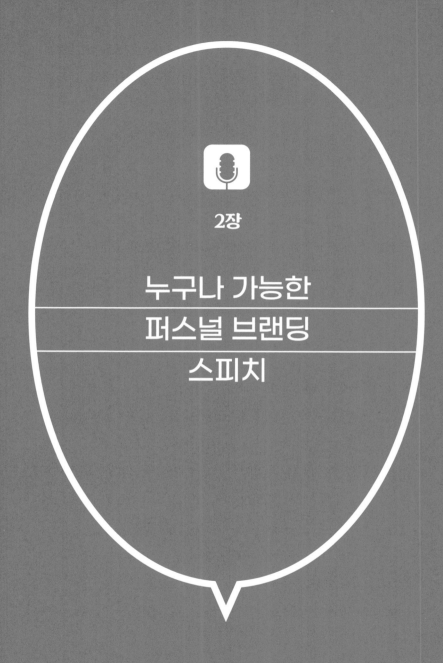

2장

누구나 가능한
퍼스널 브랜딩
스피치

...

'나'를 잘 살게 하는
시대의 아이들

공부하라는 잔소리를 반복하는 이유

공부란 학문이나 기술을 배우고 익히는 것을 말한다. 누구나 어린 시절 공부하라는 말은 부모님의 단골 잔소리였을 것이다. 그 말이 너무 싫었지만 학부모가 된 우리는 또 아이들에게 똑같은 말을 하고 있다.

부지불식간에 우리는 '공부가 곧 성공의 지름길'이라는 생각을 갖고 있는지도 모른다. 아무리 공부가 인생의 전부가 아니라고 해도 공부를 잘하면 훨씬 유리하다는 것은 부인할 수 없는 사실이다. 공부를 잘하게 되면 좋은 점을 네 가지로 말해보고자 한다.

자신감을 가질 수 있다

학교라는 공동체는 또래가 모여 같은 공부를 하면서 성장하는 곳인데 이때 공부를 잘하게 되면 자신감이 생기게 된다. 운동장에서는 운동선수가 주목을 받고 미술대회를 나가면 그림을 잘 그리는 사람이 돋보이듯이 학교에서는 공부를 통해 자신의 정체성을 나타낼 수 있다.

그릇을 키울 수 있게 된다

공부는 무엇인가를 채우는 것이라고 생각하기 쉬우나 공부를 통해 자아가 성장되며 스스로를 키워나가는 그릇을 만들 수 있다. 예를 들어 한국사를 배우고 익히며 그 너머에 있는 세계사도 알아가는 과정으로 발전할 수 있게 된다. 공부를 통해 작은 범위를 넓은 범위로 확장시켜 사회를 보는 안목도 키울 수 있다.

노력하는 방법을 터득하게 된다

공부는 성실성과 인내심을 필요로 하는 분야다. 성적은 한 번에 오르지 않고 어려운 문제는 끊임없는 노력을 반복해야 풀어나갈 수 있다. 그래서 공부를 통해 꾸준함과 성취감을 맛보며 성숙해질 수 있다.

다양한 경험을 할 수 있는 기회를 얻는다

공부에 흥미를 느끼면 지적 호기심이 생길 것이고 활동 범위를 넓어지게 해 다양한 경험을 할 수 있게 된다. 다양한 경험은 자아를 성장·발전시키는 원동력이 되며 인생을 풍요롭게 살 수 있게 하는 초석이 된다. 공부를 통해 더 많은 선택의 기회가 주어지며 한 분야를 선도할 수 있는 리더로서의 영향력을 발휘할 수 있게 된다.

공부를 통해 얻는 시대적 안목

공부는 자신과 세상을 알아갈 수 있는 도구가 된다. 학문을 통해 사람과 사회, 자연의 이치뿐만 아니라 시대의 흐름과 안목도 연구하고 배우게 된다. 지금처럼 시대가 급변할 때 공부를 제대로 하지 않으면 뒤처지게 되고 따라갈 수도 없다.

공부는 단순히 학교에서 하는 공부 이외에도 모든 분야가 해당된다. 특히 4차 산업혁명 시대는 직업 현장에서 요구하는 일도, 필요한 직업 능력도 변화되고 있다. 이제는 자기주도학습으로 능력을 키우고 창의적인 아이디어와 문제해결 능력뿐만 아니라 협업 능력과 공감·소통 능력까지도 필요로 하는 시대가 되었다.

문제해결 능력이란 기술의 발달과 세계화된 문물을 파악하고 그에 따른 해결 능력을 키우며 세대와 계층 간의 갈등을 창의적이고 능동적으로 해결하는 능력이다. 협업 능력은 구성원 간의 원활한 협업을 위해 나와 다른 사람의 기술과 언어를 이해하고 공동체가 추구하는 목표를 향해 함께 나아가는 것이다.

또한 공감·소통 능력은 인간관계는 물론이고 인터넷과 SNS 등 가상 세계에서도 상대를 이해하고 공감하는 것이다. 이처럼 변화하는 시대를 공부하고 노력해야만 살아갈 수 있고 미래에 필요한 인재가 될 수 있다. 기본적인 학문을 배우고 익힌 것을 바탕으로 사회에서 실용성 있는 안목을 키우기 위해 공부를 하는 것이다.

나를 잘 살게 하는 시대

지금까지 공부의 중요성과 공부를 잘했을 때의 효과에 대해 언급했다. 그러나 공부만 잘하는 것이 아닌 나를 잘 살게 하는 시대가 왔다. 나를 잘 살게 하는 것은 곧 나의 가치를 높이는 것이다. 가치를 높이기 위해 우리는 무엇을 해야 할까? 가치란 인간 행동에 영향을 주는 어떠한 바람직한 것으로, 인간의 지적·감정적·의지적 욕구를 만족시킬 수 있는 성질을 말한다. 그렇다면 이 시대가 요구하는, 나를 가치 있게 만드는 것에는 무엇이 있을까? 바로 자신의 잠재력을 깨워서 결과를 만들어내는 것이다.

웹툰 작가 기안84는 네이버 웹툰 〈패션왕〉, MBC 예능 프로그램 〈나 혼자 산다〉로 유명하다. 그는 학창 시절 공부와 거리가 먼 사람이었다고 한다. 대학교를 중퇴해 사실상 고졸 학력이지만 웹툰으로 한 분야에서 최고가 되었다. 그는 자신의 창의력을 마음껏 펼치면서 인정을 받아 지금은 방송인으로도 활발히 활동하고 있다.

또한 요리사 강레오도 공부는 꼴찌였지만 요리로 성공한 사람이다. 열아홉 살 때부터 요리에 관심이 생긴 그는 런던으로 건너가 유명한 요리사인 피에르 코프만(Pierre Koffmann, 영국에서 주로 활동하는 프랑스 국적의 요리사이며 그의 식당은 영국에서 최초로 미슐랭 가이드 스타 세 개를 받았다)으로부터 요리를 배웠다고 한다. 자신의 한 분야에서 묵묵히 노력한 결과 '쿡방'이라는 요리 방송의 한 축을 담당하기도 했다.

이처럼 내가 관심 있고 잘할 수 있는 것을 찾아 나의 가치를 만들고 그것을 브랜딩하는 사람은 경쟁력을 갖춘 사람이 될 것이다. 우리가 살면서 잘하는 것은 특기가 된다. 하고 싶은 것은 꿈이 되고 꼭 해야 하는 것은 직업이 될 수 있다. 그런데 하고 싶은 것이 직업이 된다면 재미있고 의미 있는 인생을 살 수 있으며, 이것이 바로 나를 잘 살게 하는 원동력이 되는 것이다.

발표를 못하는 아이들에겐
위기의 시대

자신감 있는 아이가 발표도 잘한다

자신감이란 스스로를 믿는 마음이다. 자신감이 없으면 발표가 두려워지고 남 앞에 서는 것도 어려워진다. 또한 자신감을 갖고 발표를 한다는 것은 당당하게 자신을 드러내는 것이다. 요즘은 학교에서도 토론이나 토의 수업을 자주 하는데 이때 주도적으로 상대를 배려하면서 분위기를 이끌어가는 친구는 대개 자신감이 넘친다. 자신을 믿는 확신이 있기 때문이다. 발표를 통해 내 생각을 전달하고 소통하며 의견 제시를 하게 된다.

지금의 시대는 회사에서 직원을 뽑을 때에도 분명하게 자신을 어필하는 사람을 선택한다. 내가 갖고 있는 능력이 뛰어나도 상대에게 전달하지 못하면 인정받기 어려운 세상이며, 미래의 인재상은 실력을 갖추고 그것을 정확하게 전달하는 능력을 갖춘 사람이다.

연구를 잘해서 성과를 낸 사람이 프레젠테이션을 못해 진급에서 누락되고 능력을 인정받지 못하는 경우가 왕왕 있다. 성과를 정리한 프레젠테이션이 연구 못지않게 중요하다는 뜻이다. 아이가 자신감을 갖고 발표를 잘하면 어른이 되었을 때 프레젠테이션도 잘하게 될 것이며 미래 사회를 이끌어갈 인재가 될 것이다. 현재뿐만 아니라 미래에도 반드시 필요한 발표 능력을 지금 당장 키워야 하는 이유다.

나를 잘 알릴 수 있는 것이 발표다

성공하는 사람들은 대개 결정적인 자리에서 자기표현 능력이 뛰어나며 확실하게 자신을 알리는 파워 스피치 능력을 갖추고 있다. 파워 스피치를 바탕으로 발표를 잘하면 능력도 인정받게 된다. 발표를 통해 내가 무엇을 하는 사람이고 어떤 강점을 가졌으며 내가 가진 능력은 무엇인지를 알리는 것이다.

상대방이 갖고 있는 문제를 해결해 줄 수 있는 나의 능력은 어떤 것인지 확신을 주는 것도 발표를 통해 이루어진다. 나를 나답게 만들어 가치와 연결하고 행동하는 것이 퍼스널 브랜드가 된다. 퍼스널 브랜드는 비즈니스화 할 수 있는데 이는 나의 가치를 인정받아 사업을 하는 것이다. 개인을 브랜드화해서 사업할 수 있다면 엄청나게 큰 기회를 얻을 수 있게 된다.

모름지기 사람은 기회를 잘 잡아야 자신의 능력을 펼쳐 미래를 만들 수 있게 된다. 애플의 창업자 스티브 잡스(Steve Jobs)는 발표를 잘하기로 유명했다. 그는 신제품이 나올 때마다 직접 발표를 하면서 세상을 놀라게 했다. 그의 발표가 특별했던 이유를 네 가지로 말해보고자 한다.

- 그는 경쟁사를 먼저 알렸다. 나를 홍보하기에 바쁜 평범한 사람들이 보기엔 다소 엉뚱한 발상 같지만 오히려 자신과 제품에 대한 확신이 있다는 얘기가 된다.
- 생기 넘치는 어휘를 사용했다. 발표를 할 때 중요한 조건 중에 하나다. 상대방과 소통하려는, 적극적이고 활력 넘치는 발표는 누구에게나 감동을 준다.
- 숫자에 의미를 넣었다. 그가 애플에 재입성한 때가 2009년 9월 9일이다. 이 숫자는 의도된 것이었고 사람들이 기억할 수 있는 요소로 작용되었다. 발표는 기억에 남는 것도 중요하다.
- 상품이 아닌 꿈을 팔았다. 제품을 설명할 때도 상품을 파는 것이 아닌 꿈을 파는 것에 초점을 맞춤으로써 애플이 강조하는 가치를 느끼게 했다. 그는 발표를 통해 세계인을 감동시키는 탁월한 능력을 가졌다고 볼 수 있다.

이처럼 특징 있는 발표는 나와 회사의 제품을 알려서 비즈니스 세계를 열어가는 중요한 도구가 된다.

나를 알리는 것의 중요성

어디든 낯선 곳에 가면 가장 먼저 하게 되는 것은 아마도 자기소개일 것이다. 자기소개는 나의 첫 이미지를 결정하게 하고, 나를 오래 기억하게 하며, 나를 알리는 기회가 되기도 한다. 때에 따라 말은 인격을 표현하며 실력을 검증할 뿐만 아니라 나의 능력을 평가받는 도구가 되기도 한다.

당당하게 나를 알린다는 것은 인간관계를 원만하게 맺는 데에도 중요한 역할을 한다. 표현을 어떻게 하느냐에 따라 처음 만난 사람과의 관계가 좋아질 수도 나빠질 수도 있기 때문이다.

요즘은 다양한 방법으로 나를 알리고 홍보하는데, 그중 대표적인 예가 유튜브다. 자신의 일상은 물론 관심사를 영상으로 남겨 많은 시청자에게 자신을 알리다 보니 연예인 못지않은 인기와 재력을 누린다. 그 밖에도 페이스북, 인스타그램, 틱톡, 블로그 같은 SNS가 나를 알리는 수단이 되었다. 이처럼 현 시대는 말, 글, 사진, 영상으로 능력을 알리고 평가도 받는다. 그런데 좋은 기회가 와도 나를 알리지 못한다면 분명 위기가 될 수도 있다.

나는 지금도 가끔 생각나는 일화가 있다. '2010 G20 서울 정상

회의' 폐막식의 이야기다. G20 정상회의는 전 세계 20개 선진국 수장들이 금융 협력을 위해 모인 자리로 전 세계의 주목을 받는 중요한 회의다. 그 당시 회의가 끝나고 질의응답 시간에 오바마 대통령은 주최국인 한국의 기자들에게 질문의 기회를 주었다. 그러나 한국 기자들은 누구도 손 들고 발표하지 못했고 기회는 중국 기자에게 넘어갔다. 그 모습을 보면서 '우리나라 기자들이 자신감 부족으로 질문을 못한 것은 아닌가?' 하고 생각하게 되었다.

그 후 많은 언론이 왜 한국 기자들은 한국을 알릴 수 있는 기회를 놓쳤는지 궁금해 했다. 이처럼 현 시대는 자신의 의견을 분명히 하는 것이 기회가 되며 이를 제대로 하지 못하면 위기가 될 수도 있다.

반장·회장 연설이
중요한 이유

스피치를 잘하는 사람이 성공하는 시대

성공하는 사람들은 결정적인 자리에서 자기표현 능력이 뛰어나며 자신을 어필하는 능력 또한 탁월하다. 대학 입학을 위해서도, 회사에 취업을 하기 위해서도 자신을 알리는 브랜딩 스피치가 기본이 된 시대다.

요즘 기업에서 면접을 할 때 빼놓지 않고 "우리가 왜 당신을 뽑아야 합니까?"라는 질문을 한다. 이는 자신의 장점이나 능력을 마음껏 표현해 보라는 뜻이다. 아무리 많은 능력을 갖추었다 하더라도 면접관을 설득하지 못하면 능력이 평가 절하되는 것이다.

요즘 청년들을 'MZ세대'라고 한다. 이들은 1980년대 초반~1990년대 초반에 출생한 밀레니얼 세대와 1990년대 중반~2000년대 초

반에 출생한 Z세대를 통칭하는 말이다. 이들 MZ세대의 특징은 다양성을 인정하고, 여가를 중시하고, 노력 대비 보상을 중요시하며, 현재를 즐길 줄 아는 것이다. 환경이나 윤리적 가치에도 관심이 많으며 자기중심적인 소비를 한다.

MZ세대는 자신을 드러내는 데 익숙하다. 페이스북이나 인스타그램에 자신의 일상을 공개할 뿐만 아니라 토론이나 대화에 있어서도 자기주장이 확실하다. 이렇게 변하는 시대에 사는 우리 아이들이 스피치에 자신감이 없다면 어떻게 될까? 미래의 기업들은 MZ세대에 주목할 수밖에 없으며 학창 시절부터 리더십과 소통 능력을 갖추고 성장한 인재가 이 시대를 이끌어가게 될 것이다.

리더십과 소통 능력을 키울 수 있는 기회

아이들이 학교를 다니면서 할 수 있는 경험에는 여러 가지가 있다. 먼저 또래들과의 만남을 통해 친구가 되고 생각을 나누며 같은 환경에서 공부도 한다. 학교생활도 작은 공동체로 성장 과정에 매우 중요한 역할을 하는데 이때 리더십을 발휘할 수 있는 기회가 되는 것이 반장·회장 역할이다. 대부분의 학교가 신학기가 되면 반장이나 회장을 뽑는 선거를 하게 되는데, 이때 아이들에게 역할을 해보라고 권한다.

반장이나 회장이 되면 반에 대한 책임감을 갖게 되고 친구들과 소통을 하게 되며 선생님들과도 많은 교류를 하게 된다. 요즘은 많은 친구들이 이 장점을 인식하고 있어서인지 반장·회장 선거가 치열하게 치러지는 것도 보게 되는데 좋은 현상인 것 같다.

반장·회장이 되려면 가장 먼저 하는 것이 연설이다. 연설은 내가 이 공동체를 이러한 계획과 생각으로 이끌어가겠다는, 친구들과의 다짐이자 약속이다. 이때 지키지 못할 공약을 남발하거나 인기만을 생각하는 연설을 하는 것은 좋지 않다. 우리 반이나 학교에 필요한 것이 무엇인지, 어떻게 하면 좋은 아이디어로 우리 학급이나 학교를 발전시킬 수 있는지를 고민해야 한다. 그러고 나서 내가 할 수 있는 역할은 무엇인지를 연설로 해야 한다. 이러한 연설의 내용이 친구들을 공감시키면 좋은 결과를 가져올 수 있다.

특히 평소에 친구들을 위해 봉사를 한다거나 양보하는 모습을 보인다면, 친구들과 좋은 관계를 만들어가는 데 도움이 된다. 이는 리더십 이미지에 플러스 요인으로 작용해, 실제 출마 연설을 했을 때 큰 효과를 발휘한다. 하지만 평소에 교우관계 넓지 않더라도 친구들을 설득할 수 있는 연설을 잘하는 것만으로도 반장이나 회장이 될 수도 있다.

이렇게 반장이나 회장이 되면 많은 친구들이나 선생님들과 소통할 수 있는 기회를 얻는다. 그리고 공동체의 큰 그림을 그려볼 수 있으며 평소에 학급이나 학교에 대해 생각하지 않았던 부분까지 신경을 쓰게 되기도 한다. 특히 건의사항을 통해 학교의 개선

사항이나 발전 방향을 제안하고 결정할 수 있는 기회를 만들기도 한다.

어떻게 연설문을 써야 할까

연설문이란 발표 시 자신의 의견이나 주장을 청중에게 효과적으로 전달하기 위해 글로 쓰는 스피치 원고다. 연설문은 주장에 대한 근거가 분명해야 하고 상대방을 설득할 수 있는 글이어야 하며 상황에 맞는 것이어야 한다. 학교의 상황이나 반에 필요한 것, 개선 사항 등을 다루면 바람직하다. 평소에 불편하지만 그냥 넘어갔던 부분을 잘 찾아 연설문으로 쓰면 기발한 아이디어가 된다. 초등학교 전교 회장에 출마한 학생들과 함께 연설문을 자주 쓰는데 인상에 남는 글이 있어서 소개해 본다.

우리 학교를 행복하고 즐거운 학교로 만들고 싶어 이 자리에 나온 기호 ○번 ○○○ 회장 후보입니다. 저는 우리 학교가 좋은 점이 많은 학교라고 생각합니다. 오랜 전통으로 훌륭한 선배들이 많으며, 그 선배들은 사회에서 중요한 역할을 하고 있습니다. 그리고 열정적이신 선생님들의 가르침으로 학생들의 실력이 뛰어난 학교라는 점에 자부심을 느끼고 있습니다. 하지만 몇 가지 공약으로 우리 학교를 더욱 편리하고 행복한 학교로 만들고 싶습니다. 저의 첫 번째 공약은 등굣길에 아름다운 음악을 연주하는 등굣길 연주회를 만들겠다는 것입니다. 우리 학교 동아리에서 다양한 악기를 배우는 친구들이 많이 있는데 이 친구들에게는 연주할 수 있는 기회를 주고 등교하는 학생들에게는 아름다운 소리를 듣게 해주면 기분 좋은 하루가 시작될 거라고 생각합니다. 두 번째로는 체육 시설을 보완하도록 하겠습니다. 학교 강당에 구비된 농구공이나 배구공이 부족하여 점심시간에 기다리는 경우가 많고 탁구대가 부족하여 몇몇 학생밖에 사용하지 못하는 불편함도 개선하겠습니다. 세 번째로는 각 교실마다 대여용 우산을 비치하는 것입니다. 갑자기 비가 올 경우 비를 맞고 하교를 하게 되면 감기에 걸릴 수도 있고 가방이 젖어 책이나 학용품이 못쓰게 될 수 있으니 우산을 미리 준비할 수 있도록 하겠습니다. 저는 우리 학교의 좋은 점은 지켜나가고 학생들의 입장에서 생각하겠습니다. 더욱 즐거운 학교를 만들 수 있는 공약을 갖고 선생님들, 임원들과 의논하여 행복한 학교를 위해 최선을 다하겠습니다. 기호 ○번 ○○○을 꼭 기억해주십시오. 감사합니다.

연설문을 쓸 때 주의할 점도 있다. 먼저 긍정적인 말로 시작을 해야 한다는 것이고, 학교생활에 필요한 점을 공약으로 해서 당선 후에도 이를 실천할 수 있어야 한다는 것이다. 상대 후보의 잘못된 점을 지적하기보다는 나의 장점 위주로 연설문을 작성하는 것이 좋다.

연설문만 잘 쓰는 건 소용없다

잘 써진 연설문이라도 직접 연설을 통해 청중에게 전달되어야 효과를 발휘할 수 있게 된다. 대중 스피치인 연설은 기본적인 스킬을 익히는 것이 필요하다. 연설을 잘하는 방법에는 어떤 것들이 있을까?

- 목소리를 또박또박 정확하게 하고 발음도 분명하게 한다. 강약이나 고저장단을 살리며 멈춤을 잘 활용한다. 말이 빨라지거나 느려지지 않게 한다.
- 시선 처리를 골고루 한다. 내 얘기를 듣는 사람들을 골고루 보며 긴장하지 않고 시선 맞춤을 하면 여유가 있어 보인다.
- 적당하게 제스처를 쓴다. 고정 자세는 청중에게 불편함을 줄 수 있다. 상황에 맞는 제스처는 연사에게는 자신감을, 청중에게는 신뢰감을 줄 수 있게 된다.
- 원고는 암기하고 적당한 시간만큼 연설을 해야 한다. 원고가 머릿속에 있지 않으면 심리적으로 불안감이 생길 수 있으니 하고 싶은 말은 원고를 보지 않고 하는 것이 좋다.

또한 시간을 너무 길게 하거나 공약이 많은 것은 지루할 수 있으니 조심해야 한다. 연설을 통해 나의 생각이 전달되면 리더의 경험을 하게 된다. 리더란 단체의 목표나 방향을 정하고 이끌어가는,

중심적인 역할을 하는 대표다. 학창 시절의 반장이나 회장 경험이 훗날 성인이 되었을 때도 좋은 경험이 될 수 있다. 낙선되더라도 친구들 앞에서 연설을 해본다면 이 또한 좋은 경험이 될 수 있으니 반장·회장에 도전하는 것은 좋은 용기라고 생각한다.

목소리가 작은 것은
그 자체만의 문제가 아니다

자신감이 없으면 목소리도 작아진다

스피치 상담을 하다 보면 작은 목소리 때문에 고민하는 경우를 많이 본다. 특히 아이의 목소리가 너무 작아 무슨 말인지 못 알아듣게 되니 답답하다는 것이다. 그래서 목소리에 대한 연구를 많이 하게 된다.

목소리가 작은 이유에는 여러 가지가 있다. 물론 선천적으로 음성이 작거나 음폭이 좁은 사람도 있지만, 나는 음성이 작은 이유가 자신감에 있다고 본다. 아이든 어른이든 자신감이 없을 때 목소리가 작아지고 말끝도 흐리게 되는 경향이 있다. 발표를 할 때도 내용에 대한 자신감이 없고 주변 분위기가 딱딱하면 자신이 하는 말이 맞는지 여부에 대해 생각하게 된다. 이 생각이 계속 들면 자신감이 떨어지고, 자연스럽게 목소리로 표현된다. 또한 친구를 사귀고 싶지만 먼저 다가가기가 힘들 때도 목소리에 자신감이 사라진다.

명훈이는 공부를 꽤 잘하는 아이였다. 그런데 발표 시간만 되면 힘들어했고 알고 있는 내용도 발표를 못해 점수가 낮게 나왔다. 이를 답답하게 여긴 부모님이 명훈이를 데리고 상담을 오셨는데 역시 자신감이 문제였다.

상담을 하다 보니, 지금은 고학년인 명훈이가 저학년 때 학교에서 발표를 하다 실수를 했다는 사실을 알 수 있었다. 그 실수는 바로 학급 친구들 앞에서 발표를 하다 말을 더듬고 내용도 횡설수설했던 것이었다. 친구들의 웃음소리가 들렸고 선생님께서 잘못을 지적해주셨을 때 쥐구멍에라도 숨고 싶었던 기분이 아직도 생생하게 떠오른다고 했다. 그 후 어디서든 발표를 하려면 가슴이 두근거리고 목소리가 작아져 말을 못하게 되었다고 했다.

이처럼 경험으로 인한 불안감은 자신감을 위축시킨다. 자신감이란 자신의 가치를 인정해 스스로를 믿게 될 때 나오는 감정인데, 이게 안 되면 자신감은 떨어지게 되고 목소리도 위축되기 마련이다. 특히 발표에서의 자신감은 목소리로 나오게 되어 있으니 목소리가 작은 것이 목소리만의 문제가 아니라는 걸 알게 된다. 하지만 발표에 자신감이 없는 아이라 할지라도 집에서나 친구들 사이에서는 자기 목소리를 충분히 내서 의사소통을 하는 걸 보면 목소리는 상황과 심리, 경험이 충분히 작용한다는 걸 알 수 있다.

또한 목소리 크기 때문이 아니더라도 자신감이 중요한 이유는 시대의 변화 때문이다. 21세기는 지식 정보화 시대다. 지식 정보화 시대에는 아는 것이 힘이다. 그러나 아는 것을 제대로 표현하는 것이 더 중요해졌다. 직업 또한 세분화·전문화되고 있다 보니 스피치 적용 영역은 크게 넓어질 수밖에 없다. 왜냐하면 알고 있는 지식이나 직업에 대한 정보를 효과적으로 전달할 때 신뢰감을 주게 되고 이는 상대를 설득할 수 있는 능력이 되기 때문이다.

소리 내서 책을 읽고 키워드를 잡아 발표하기

나는 목소리가 작은 학생들과 수업을 할 때는 소리 내서 책 읽기를 먼저 해본다. 받침이나 접속사, 쉼표 등을 정확하게 지키면서 읽기를 시킨다. 우리나라 말은 소리글자이기 때문에 글자에 있는 그대로보다는 소리 나는 대로 글을 읽게 하고 강약 조절을 해서 부드럽게 연습하게 한다. 그냥 책을 읽는 것은 쉬울 수 있으나 고저 장단을 맞춰서 책을 읽는 것은 생각보다 어렵다. 그리고 나서 발표할 내용을 작성하게 한다.

발표 내용의 경우는 먼저 주제를 정하고 이에 맞는 키워드를 잡고 스토리텔링을 하면 된다. 스피치 발표를 할 때는 주변에 있는 다양한 일상이 주제가 될 수 있다. 주제를 정하고 키워드를 잡아 스토리텔링을 하는 방법은 주제와 연관성이 있으면 자연스럽게 된다. 예를 들어 '환경보호를 하려면?'이라는 주제가 있다면 키워드는 '플라스틱 용품을 줄이자', '분리수거를 잘하자', '대중교통을 이용하자' 등이 될 수 있다. 그러고 나서 키워드에 대한 자신의 생각을 이야기하면 된다.

명훈이의 경우 생각은 많은데 키워드를 잡고 이를 정리해서 발표하는 연습이 잘되지 않다 보니 그 부분을 집중적으로 코칭을 했다. 이렇게 정리된 내용을 친구들 앞에서 자신 있는 목소리로 연습을 하고 변화를 경험할 수 있었다. 저학년 때의 발표 실수를 잊고 '나도 할 수 있다'라는 용기를 갖게 하는 데에 힘을 쏟았다. 책을 또박또박 강약을 넣어서 부드럽게 읽고 발표할 내용의 키워드를 잡아서 연습한 것을 바탕으로 목소리에 자신감이 생기는 경험을 한 것이다.

그 후 명훈이는 반장 선거에도 나가 회의를 진행하고 활발하게 친구들과도 어울릴 수 있었다. 자신감으로 목소리를 키우는 방법에는 여러 가지가 있지만 원인을 알고 그 부분을 채워나가는 방법이 효과적일 것이다.

자신감 있는 목소리를 위한 복식호흡

평소에 사람들은 흉식호흡을 통해 발음과 발성을 한다. 그런데 발표를 하거나 노래를 부르고 말을 많이 해야 되는 상황에서는 복식호흡을 하는 것이 중요하다. 복식호흡의 장점은 심리적인 편안함을 가질 수 있게 하고 발음 발성에 도움이 된다. 그래서 긴장 상태에서 복식호흡을 하면 어느 정도 안정감을 찾을 수 있게 된다. 그리고 고음을 내거나 말을 많이 할 때도 복식호흡은 필요하다.

복식호흡을 하는 방법은 몸의 힘을 뺀 상태에서 코로 숨을 들이마시고 입으로 천천히 내뱉는 것이다. 처음에는 호흡이 배로 들어가는 것을 느끼지 못하지만 여러 번 연습하면 확실히 호흡이 길어지는 것을 느낄 수 있다. 복식호흡을 통해 발성이 잘되면 목소리를 자신감 있게 낼 수 있게 된다.

목소리는 말의 속도와 빠르기에도 영향을 미친다. 목소리가 큰 사람들은 대부분 말도 빠르게 한다. 반면 목소리가 작은 사람은 속도도 느리다. 말은 목소리를 통해 메시지가 상대에게 잘 전달되는 것이 중요하므로 너무 빨라지거나 느려지는 것은 좋지 않다. 이러한 말의 속도도 복식호흡을 할 때 조절이 가능하며 천천히 또박또박 말하기의 기본이 된다.

가족이나 친구들 앞에서 말을 할 때는 자신감이 있고 목소리도 크지만 발표를 하거나 낯선 사람들 앞에서는 목소리가 작아지고 말끝을 흐리는 아이들의 경우는 목소리만의 문제가 아니다. 발표에서의 실수 경험이나 발표 연습의 부족 또는 생각 정리가 되지 않은 것 등 여러 원인을 찾아볼 수 있다.

교우관계를 향상시키는
세 가지 비법

친구의 좋은 점을 발견하라

얼마 전까지만 해도 우리 사회는 경쟁을 부추기는 문화가 있었다. 경쟁을 통해 아이디어가 나오고 매너리즘에 빠지는 직원을 독려할 수 있다는 것이었다. 그래서 경영자들은 조직에 긴장을 불어넣고 생산성을 높이기 위해 내부 경쟁을 부추기기도 했다. 그러다보니 동료가 협력자가 아닌 경쟁자로 인식되고 협업이 되지 않는 이기주의에 빠질 때가 많았다.

최근에는 많은 경영자들이 경쟁이 아닌 협업을 강조하고 이를 통한 성과를 보게 되었다. 경쟁을 지양하고 협력을 유도함으로써 공동체의 이익을 도모하게 된 것이다. 협업의 문화를 통해 서로 의사소통을 함으로써 동료애를 키우고 조직의 성과를 보게 된 시대가 된 것이다. 그래서 협업은 집단 경험을 통해 서로 문제해결을 도와주고 비전에 대한 전체적인 큰 그림을 함께 그려가는 것이다. 협업을 통해 같은 방향을 바라보고 목표를 향해 성장하게 된 것이다.

사람은 아이든 어른이든 모르는 사람을 만나서 관계를 맺고 사회성을 키워나간다. 특히 아이들이 처음 입학을 하거나 새 학년이 되면 새로운 친구를 만나게 되고 이때 교우관계가 형성된다. 새 친구에게 먼저 다가가는 것이 좋은 친구를 사귈 수 있는 기회가 된다. 이때 가장 좋은 방법이 친구의 좋은 점을 발견하기 위해 노력하는 것이며 작은 일상을 소재로 삼아 대화를 나누는 것이다. 때로는 대화가 안 통하는 친구를 만나게 될 경우도 있겠지만 이를 두려워하지 말고 내가 먼저 말을 걸어보는 것이 중요하다.

성민이는 가정 형편상 부득이하게 전학을 하게 되었는데 두 달이 넘도록 새로운 친구를 만나지 못했다. 그러다 보니 외톨이로 지내야 했고 학교생활이 재미없고 힘들었다. 친구들을 사귀고 싶었지만 먼저 다가가는 방법을 몰랐던 것이다. 수업을 하면서 사귀고 싶은 친구가 있으면 좋은 점을 발견하고 그것을 소재로 대화를 시도해 보는 연습을 했다. 그리고 나서 학교에 가서 직접 해보았더니 친구들의 반응도 좋았고 친구들도 많이 사귀게 되었다.

좋은 점을 발견하려면 상대에게 관심을 가져야 한다. 운동을 잘하는 친구가 있다면 멋지다는 말을 해주고 노래를 잘하는 친구에게는 소리가 아름답다는 느낌을 그대로 표현하는 것이다. 또한 친구의 외모에 변화가 있을 때 좋은 점을 발견하고 그런 모습을 말로 표현해 주면 내가 먼저 친구에게 다가가기 쉽다. 이처럼 친구의 좋은 점을 발견하는 것은 함께 협업하고 윈윈하는 관계를 만들 수 있는 좋은 방법이 된다.

배려심을 갖되 내 의견은 분명히 하자

또래 친구들을 보면 유독 양보심과 배려심이 많은 아이들이 있다. 욕심을 낼 수 있는 상황에서도 상대의 입장을 먼저 생각하는 것이다. 이런 아이들은 친구들에게 인기가 있고 반 분위기 조성에도 한몫을 한다. 그러나 이때 내 의견 없이 상대 의견만 수용한다면 언젠가는 스트레스를 받게 될지도 모른다. 내 의견은 분명히 하면서 옳고 그름을 판단하는 것이 중요하다. 내 주장 없이 상대 의견만을 수용하는 자세는 오히려 개성이 없고 친구의 비위만 맞추는 모양이 될 수 있다.

배려심으로 상대 의견을 충분히 들되, 내 판단에 지나치다 싶은 부분이 있으면 분명하게 생각을 전달해야 한다. 내 의견을 말하지 못하는 것이 지속되면 어른이 되어서도 예스맨이 될 확률이 높다. 이는 남들과 차별화된 나만의 브랜딩에 좋지 않은 영향을 미칠 수 있다. 어디에서든 상대에게 양보하고 의견을 존중하되 내 생각도 분명하게 전달하는 아이가 상대방에게 쉽게 다가가고 친구를 쉽게 사귈 수도 있다. 퍼스널 브랜딩 스피치의 기초는 나의 개성과 생각을 중요시하면서 상대방의 입장도 생각하는 것이다.

말은 핵심만, 행동은 적극적으로

"군말이 많으면 쓸 말이 적다"라는 속담이 있다. 이는 하지 않아도 될 말을 이것저것 늘어놓으면 그만큼 쓸 말이 적어진다는 뜻이다. 친구들 사이에도 유난히 말이 많은 아이들이 있는데 이런 친구들은 말로 실수를 할 수 있으니 적당하게 핵심만 말하는 것이 중요하다. 그래서 말보다 행동을 중요시하는 것이 필요한 것이다. 실천하지도 못할 말을 많이 하면 친구들 사이에서 믿음이 깨지게 된다. 하지만 말의 수를 줄이고 학급 일이든 자신의 계획이든 묵묵히 실천해서 성과를 낸다면 친구들 사이에서도 좋은 이미지를 남길 수 있게 된다. 이렇게 자신의 계획과 행동을 일치시키면서 신뢰를 쌓은 아이가 친구에게 다가간다면 어떤 친구라도 마음을 열게 될 것이다.

상대에게 다가가기 전에 먼저 해야 하는 말의 핵심을 간단하게 생각한 다음 전하는 것이 좋다. 그리고 내가 한 말이 행동으로 이어져야 좋은 결과를 만들 수 있다. 말은 핵심만, 행동은 적극적으로 해서 온 국민의 사랑을 받고 있는 대표적인 인물이 있다. 바로 MC 유재석이다. 그는 서울예술대학을 중퇴해 사실상 고졸 학력을 가졌다. 그는 방송에서 "공부에는 재능이 없다"라는 말을 했지만 누구보다 핵심 있는 말하기로 많은 프로그램을 진행하는, 성공한 방송인이다. 특히 그의 근면함과 성실함은 체력 관리는 물론이고 원만한 인간관계를 만드는 데에 있어서 원동력이라고 한다. 이처럼 친구를 사귀거나 사람을 대할 때는 핵심 있는 말을 하고 행동은 적극적으로 해야 좋은 결과를 낼 수 있다.

3장

'읽기'의 내용을
체화해 스피치의
초석을 쌓다

읽는 아이가 읽지 않는
아이를 리드한다

읽기가 왜 중요한가

읽기란 문자 언어를 통해 수신자와 발신자가 의사소통을 하는 과정이라고 할 수 있다. 다양한 의사소통 방법 중 읽기는 사고력과 표현력을 키워 소통의 한계를 넓히는 도구가 될 수 있다. 현재의 우리 아이들은 인터넷의 영향으로 정보의 홍수 시대를 살고 있어 정보 검색 능력은 뛰어날 수 있으나 내 것으로 만들어 지식화하는 능력은 뒤떨어지고 있다. 그런데 읽기는 글을 통해 생각하는 능력을 키워 문제해결 방법을 갖추게 하고 스스로 수집한 정보를 분석하고 처리할 수 있는 능력도 키워준다. 이는 오감을 자극하고 재미를 주는 과정이 된다.

요즘은 미디어의 발달로 아이들이 동영상 보기에 익숙해져 차분히 시간을 들여 재미를 느끼는 독서에 어려움을 느낀다. 1990년 《위기에 처한 지성(Endangered Minds)》을 펴낸 제인 힐리(Jane Healy)는 "시간이 지나면 사람들은 더 이상 책을 읽지 않을 것이다"라고 예측했다. 그 말이 지금 정확히 현실화되는 상황이 참 안타깝다. 하지만 책을 읽는 것은 자신의 세계를 넓히고 성숙되어가는 과정에서 중요한 역할을 한다.

일본에서 〈로봇은 도쿄 대학에 들어갈 수 있는가?〉라는 프로그램이 있었다. 이때 프로젝트를 진행했던 아라이 노리코 교수는 "독해력만은 AI 로봇이 인간을 이길 수 없다"라는 말을 했다. 글자를 읽고 작가의 의도를 파악해 자신의 지식을 바탕으로 이해하는 능력이 아직은 인간에게만 주어진 영역이라는 주장이다. 시대가 바뀌어 첨단을 향해 발전해도 사람들의 근본인 읽기의 본질은 변함이 없는 것이다. 다시 한 번 강조하지만 읽기를 통해 사고력과 이해력을 높일 수 있고, 타인을 이해하고 배려하게 되며, 자연스럽게 리드할 수 있는 능력이 향상되기도 한다.

어떻게 읽을 것인가

"읽기를 잘하고 싶은 마음은 있는데 쉽지가 않아요"라는 말을 종종 듣는다. "집중이 안 돼요", "읽어도 무슨 내용인지 모르겠어요", "어떤 책을 고를지 모를 때도 있어요" 등 그 이유 또한 다양하다. 그래서 많은 사람들이 '어떻게 하면 읽기를 잘하도록 도울 수 있을까?' 하고 고민한다. 자기주도적 읽기를 제시한 프랜시스 로빈슨(Francis Robinson)은 다섯 가지 SQ3R 방법으로 읽기를 소개한다. SQ3R은 각 단계의 영문 첫 글자로 이름을 붙인 것이다. 3R은 R로 시작하는 단어가 세 번이라는 뜻이다.

SQ3R 독서 방법

- 1단계, 훑어보기(Survey): 글을 읽기 전에 전체적으로 살펴보는 과정이다. 제목, 목차, 서론, 도표, 그래프 등을 통해 어떤 내용이 펼쳐질지를 먼저 추측해 보는 것이다.
- 2단계, 질문하기(Question): 시작 단계에서 얻은 정보나 지식을 독자 스스로 이해하고 질문을 만들어보는 것이다. 제목이나 목차를 왜 이렇게 했는지, 내 생각과 어떻게 다른지를 만들어 보면 책에 대한 관심과 흥미가 생길 것이다.
- 3단계, 제대로 읽기(Read): 글을 자세히 읽으면서 내용도 파악하고 질문했던 부분을 찾아본다. 작가의 의도를 파악하고 또 다른 궁금증이 없는지 살펴본다. 이 과정은 독서의 핵심 단계다.
- 4단계, 확인하기(Recite): 책의 정보나 내용이 작가의 의도와 맞는지 확인하고 중요한 부분을 숙지해 요약할 수 있는 단계다. 필요에 따라 암기를 하거나 내용을 정리해 기억하는 단계다.
- 5단계, 재검토하기(Review): 글 전체 내용을 독자 스스로 재구성

하고 검토하는 단계다. 질문을 재점검하고 답을 수정·보완하는 단계로 글 전체를 상기하고 마무리하며 확인하는 단계다.

이런 단계를 거치면 독서를 함에 있어서 집중력과 이해력이 생기고 읽은 내용을 체화하는 데 도움이 된다. 특히 책을 많이 읽는 것보다 제대로 자기 것으로 만드는 데 필요한 독서 방법이다. 내 것으로 만들어진 독서는 친구들과 대화할 때나 학교에서 발표를 할 때도 친구들을 리드할 수 있는 도구가 된다.

제대로 된 독서가 리더십을 키운다

아이들의 세계에서도 그들만의 크고 작은 문제가 있고, 아이들은 이를 해결하면서 성장한다. 이때 상황 파악도 잘하고 문제해결력이 뛰어나면 친구들 사이에서 인기도 높아지고 자연스럽게 리더십도 발휘하게 된다. 벨기에의 비평가인 조르주 풀레(Georges Poulet)는 "독서는 곧 소통이며 대화다"라는 말을 남겼다. 제대로 된 독서 능력은 대화 핵심을 잘 파악하게 할 뿐만 아니라 상황 정리도 잘하게 한다. 따라서 오해가 생겼을 때는 원인을 잘 분석해 모두에게 공정하고 이해가 되는 말하기를 하게 된다. 유건이는 평소에 독서를 좋아하진 않았지만 관심은 있었다. 그런 유건이를 형가리 태생의 미국 수학자 조지 폴리아(George Pólya)가 제시한, '문제해결전략을 활용한 읽기의 네 단계'로 코칭을 해 좋은 결과를 볼 수 있었다.

유건이와 개인 수업을 하면서 첫 번째로 '왜 책을 읽어야 하는지'에 대해 토론했다. 이 과정에서 유건이 스스로가 읽기의 이유를 생각하니 목표도 세워지고 동기 부여가 되어서 관심만 있었던 읽기를 실천으로 옮길 수 있었다. 두 번째로는 '어떻게 읽으면 좋을까?'에 대해 같이 생각했다. 여기에는 구체적인 방법이 들어가는데 어떤 종류의 책을 선정할지, 이 책에 관심이 생긴 이유가 무엇인지 생각해 보면서 마인드맵을 그리니 더 적극적인 읽기 단계로 발전할 수 있었다. 세 번째는 본격적인 실행 단계로 책을 읽으면서 선택한 전략에 따라 실행하는 것이었다. 예를 들면 하루에 독서 시간을 얼마나 할지, 한 주에 꼭 실천할 수 있는 독서량은 얼마나 될지를 정한다. 네 번째는 '책은 읽지만 내가 놓치고 있는 것은 무엇인지'를 생각하면서 읽기 과정에 대해 반성하는 시간을 갖게 한 것이었다. 그리고 나의 해석이 맞는지를 말로 표현하면서 내용 정리도 놓치지 않았다. 처음에는 복잡하게 생각했던 방법이지만 익숙해지니 책 한 권에서도 많은 깨달음을 얻게 되었다. 특히 책에서 받은 교훈을 친구들 사이에 잘 적용해 리더십을 발휘하는 데도 활용하고 있다.

...
책을 잘 고르면
읽기가 쉬워진다

책을 읽으면 좋다는 것은 누구나 안다

요즘같이 미디어가 발달하고 영상물이 넘쳐나는 시대에 글자로 된 책을 읽는다는 게 쉽지만은 않다. "사람이 책을 만들지만 책은 사람을 만든다"라는 말처럼 삶을 풍요롭게 하기 위해서 독서만큼 중요한 것은 없다. 독서 수업을 하다 보면 가장 힘들어하는 것이 바로 "어떤 책을 읽어야 할까?"이다. 필자인 나도 좋아하는 책을 만나면 완독을 할 때까지 놓지 않고 읽지만 의무감으로 읽는 책은 지루하고 읽고 나서도 공감이나 깨달음이 그다지 없었다. 그러다 보니 책을 잘 고르는 것이 무엇보다 중요하다는 것을 알 수 있었다.

책을 선택할 때는 나에게 필요하고 관심이 있는 분야를 찾으면 일단 장르가 정해진다. 학문 탐구를 위한 책이라면 전문 서적 분야에서 책을 선택하게 될 것이고 자기계발을 위해서라면 그 분야에 맞는 책을 찾게 될 것이다. 아이들의 경우는 자신이 좋아하거나 평소에 관심이 있는 분야의 책을 고르면 좋은 선택이 될 것이다. 그래서 책을 고를 때는 목적을 분명히 하는 것이 좋다.

또한 좋은 책을 골라서 읽어야 한다. 좋은 책이란 내가 관심이 있고 흥미를 느낄 수 있는 책이 될 수도 있고 때로는 추천도서나 필독서가 될 수도 있다. 하지만 추천도서나 필독서에 많이 의존하는 것보다 참고하는 용도로 사용하고 아이 스스로 책을 고를 수 있는 힘을 기르게 해야 한다. "남의 힘을 빌리면 내 힘은 약해진다"라는 말처럼 스스로 책을 골라 재미있게 읽게 되면 독서의 즐거움을 느끼게 될 것이다.

아이에게 맞는 책은 어떤 것일까

아이에게 맞는 책을 잘 고른다는 것은 쉽지 않다. 아이의 취향이 다르고 각자의 개성도 있기 때문에 "아이에게 맞는 책은 이것이다"라고 단정하기가 어렵다. 그러다 보니 아이의 독서 수준을 먼저 아는 것이 중요하다. 독서 능력이 초보인지 중급인지 아이가 읽을 수 있는 책의 수준은 어느 정도인지를 알면 아이에게 맞는 책을 고르기가 쉬워진다.

독서 수준을 알기 위해서는 읽고 있는 책에 어려운 단어가 얼마나 있는지, 전체적인 흐름 파악에 문제는 없는지, 읽은 후에 느낌을 정확하게 표현할 수 있는지를 체크해 보면 된다. 특히 초등학교 저학년일 경우는 동화나 동시 같은, 짧고 바로 이해할 수 있는 내용이면 좋다. 독서 시간도 너무 길지 않고 집중할 수 있는 시간이 좋으며 15~30분 정도의 분량을 꾸준히 읽기를 권장한다.

《내 아이 책은 내가 고른다》(조월례 저, 푸른책들, 2002)의 조월례 저자는 "아이들은 모든 사물에 생명이 있다고 생각한다. 동화를 읽으면서 등장인물과 호흡하며 즐거움을 느낀다"라는 말을 했다. 저학년 때부터 수준이 높은 책을 읽게 하기보다는 아이 수준에 맞는 책을 읽도록 하는 것이 오래도록 책을 친구로 삼을 수 있는 터전을 만드는 길이다.

한편 고학년이 되면 다양한 장르의 책을 읽으며 사고력을 넓혀가는 것이 필요하다. 사고력이 바탕이 되면 어휘력과 상상력도 성장시킬 수 있다. 이때는 관심이 있고 좋아하는 분야의 책을 읽으면서 좀 더 수준 높은 독서를 할 수 있게 된다. 또한 비판적 독서도 고학년에서는 가능하다. 비판적 독서를 할 때는 먼저 작가의 의도를 분명히 파악하고 내 생각도 정확하게 정리해 납득할 수 있는 이유나 근거를 바탕으로 해야 한다. 이때는 합리적인 의심이나 근거를 제시하고 관점을 분명히 해야 올바른 비판적 독서가 될 수 있으며 수준에 맞는 책이라고 할 수 있다. 질문을 만들어낼 수 있는 책도 아이에게 맞는 책이 될 수 있다. 아무런 궁금증이나 질문거리가 생기지 않는 책보다는 호기심이 생기고 다양한 사고를 확장할 수 있는 책이 독서의 즐거움을 느낄 수 있게 하므로 아이에게 맞는 책이 될 수 있다.

책을 고르는 올바른 방법

아무리 시대가 바뀌어도 책은 읽을 만한 가치가 있다. 정보와 지식을 얻을 만한 경로가 많아졌지만 아직도 책에서 얻을 수 있는 정보나 지식은 무궁무진하다. 그렇다면 어떤 책을 읽어야 할까? 아무 책이나 읽기에는 시간도 아깝고 종류도 너무 많다. 2020년 한 해 동안 하루 평균 180여 권의 책이 출간되었고 6만 5천 종이 넘었다. 이 많은 책 중에서 내 아이가 읽어야 할 책을 고르는 것은 중요한 과제가 아닐 수 없다. 아이가 좋은 책을 고르도록 하는 방법에는 어떤 것들이 있을까?

좋은 책을 고르는 방법

- 도서관이나 서점에 자주 들린다. 도서관이나 서점에 가면 다양한 책들이 있으며 많은 사람들이 책을 읽는 모습을 볼 수 있다. 따라서 독서하는 환경을 만드는 데 도움이 될 뿐만 아니라 책 선택의 폭이 넓어진다.

- 제목·머리말·차례를 본다. 읽고 싶은 분야의 책을 찾았다면 우선 제목부터 살펴보자. 그러고 나서 머리말과 차례를 보면 책에서 펼쳐질 내용이 잘 요약되어 있어 선택하는 데 도움이 된다.
- 글밥이 적은 책을 선택한다. 아이가 독서에 익숙하지 않다면 쉽게 접할 수 있는 책으로 글자 수가 적은 책을 선택하는 방법도 있다.
- 수준에 맞고 흥미를 느낄 수 있는 책을 고른다. 다른 사람이 좋다고 하는 책이 우리 아이에게 다 맞는 것은 아니다. 책 내용이 수준에 맞아야 재미를 느낄 수 있고 끝까지 완독도 할 수 있다.
- 다양한 장르의 책을 선택한다. 독서 수준을 조금씩 높이려면 다양한 장르를 골고루 읽어야 한다. 편식하지 않는 독서야말로 건강한 독서라고 할 수 있다.

특히 초등학교 저학년인 1~3학년은 시간적으로 여유로울 뿐만 아니라 무엇이든 잘 받아들일 수 있는 시기다. 저학년의 경우 제일 먼저 아이 눈높이에서 쉽고 흥미를 느낄 수 있는 책을 고르면 좋다. 그리고 어느 정도 범위를 정해주자. 동물이나 식물, 스포츠, 다양한 직업 이야기 등 주변에서 접할 수 있는 소재가 담긴 책을 골라보자. 그리고 한 작가의 책을 꾸준히 읽거나 시리즈로 된 책을 선정해 보는 방법도 있다. 또한 좋아하는 책을 여러 번 읽어서 깊이를 느껴보는 것도 바람직하다. 저학년 때는 책 내용이 짧고 쉬운 동화책 위주로 상상력과 호기심을 키울 수 있는 책을 고르는 것이 좋다.

　고학년은 4~6학년인데 이 시기에는 학교 공부와 균형을 맞추면 꾸준한 독서를 할 수 있다. 이때 책을 고르는 방법으로는 우선 가벼운 이야기책부터 정보도 적당히 들어 있는 책을 고르는 것이고, 독해력을 키울 수 있는 다양한 장르의 책을 고르는 것이며, 논리적이고 비판적인 사고를 기를 수 있는 책을 선택하는 것이다. 그리고 가치관을 깨달을 수 있는 책을 고르는 것이다. 자신의 진로나 친구들과의 우정, 국가의 소중함, 자연을 보호해야 하는 이유 등이 담긴 책으로 선정하면 성장기의 가치관 형성에 도움이 된다.

소리 내서
읽어야 하는 이유

독서의 방법은 다양하다

빠르게 읽는 것(속독), 조용히 눈으로만 읽는 것(묵독), 소리를 내서 읽는 것(음독) 등 독서의 방법은 다양하다. 그중에 가장 좋은 방법은 소리를 내며 읽는 것이다. 소리를 내서 책을 읽으면 오래도록 기억에 남고 다른 생각을 할 수 없어 집중력을 키울 수 있다. 또한 단어나 문장을 흘러버리지 않고 끝까지 꼼꼼하게 읽을 수 있다. 많은 학자들이 독서를 쉽게 하는 방법을 연구하는데, 소리 내서 읽는 것은 시각뿐만 아니라 청각이 동시에 뇌에 자극을 주어 기억력을 키우는 좋은 방법이라고 한다. 실제로 호주의 한 연구에서는 일곱 살에서 열 살 사이의 아이들에게 단어 목록을 제시했고, 한 그룹은 조용히 읽으라고 했고, 다른 그룹은 큰 소리로 읽게 했다. 결과를 보니 소리 내서 읽었던 그룹은 단어의 87%를 정확하게 기억했지만, 눈으로만 본 그룹은 단어의 70%를 인식하는 데 그쳤다고 한다. 이처럼 단어 암기를 통해서도 소리 내서 읽는 것이 얼마나 단기간에 좋은 효과를 보는지 알 수 있다.

우리의 문화에는 '조용히 책을 읽어야 차분해지고 머릿속에 남는다'라는 인식이 있다. 소리 내서 책을 읽으면 목도 아프고 힘이 드는 건 사실이다. 그러나 독서의 여러 가지 방법 중 가장 효과를 볼 수 있는 방법이라는 것은 자명한 사실이기에 권장하는 것이다. 그래서 나는 수업에서도 이 방법을 활용한다. 예슬이를 코치하면서 소리 내서 책 읽기로 진행했다. 혼자 읽다가 힘들어할 땐 나와 돌아가면서 읽기를 했다. 처음에는 힘들어하던 예슬이가 감정까지 넣어가며 자연스럽게 한 권씩 책을 마무리해가는 모습을 봤다. 소리 내서 읽기가 집중력과 발음·발성을 발전시키는 것은 물론, 감정을 넣어 재미를 느끼는 독서로 이어진 사례다.

소리 내서 읽을 때 구어체를 사용하라

보통 학교 수업 시간에 선생님이 돌아가며 책을 읽도록 시킨다. 이는 소리 내서 읽기의 중요성을 알려주기 위함도 있고 자신 있는 발표를 할 때도 도움이 되기 때문이다. 친구들 앞에서 수업 시간에 발표를 하거나 학급회의 시간에 내 의견을 말할 때에도 구어체로 말을 하면 의사 전달이 편안하게 된다. 여기에서 말하는 구어체는 글자에 강약이나 리듬을 넣어 부드럽게 말하는 것이고, 반대로 문어체는 강약 없이 같은 톤으로 읽는 것을 말한다. 특히 학급에서 사회를 보거나 반장 선거에 나갈 때도 문어체로 책을 읽듯이 말을 하면 어색하고 공감하는 느낌이 떨어질 수 있으니 강약과 리듬을 넣는 구어체를 활용하면 좋다. 구어체로 말하기 위해 소리 내서 읽는 방법을 다섯 가지로 정리해 보고자 한다.

소리 내서 읽는 방법

- 복식호흡을 하면서 읽는다. 배에 공기를 넣어 발음하면 성량이 풍부해져 말하기처럼 읽기에 여유가 생긴다.
- 낭독을 하면 발음·발성이 좋아진다. 소리를 내서 책을 읽으면 발음과 발성을 느낄 수 있기 때문에 스스로 딱딱한 느낌인지 편안하게 읽고 있는지 가늠하게 된다.
- 상대에게 의사를 전달한다고 생각한다. 글로 쓰인 문장을 상대가 듣고 있거나 대중이 있다는 상상을 하면서 이야기하듯이 읽는다.
- 강약이나 고저장단, 멈춤을 살린다. 글을 밋밋하게 읽어 가는 것이 아니라 높낮이, 잠시 멈춤, 강약을 넣으면 훨씬 부드러운 말하기가 된다.
- 말끝을 올리지 않고 한다. 글을 읽을 때 '다'를 올리거나 강조

하면 문어체 말하기가 그대로 드러난다. 이때 끝을 살짝 내리거나 힘을 빼면 된다.

이런 방법을 활용해서 글을 읽다 보면 구어체 말하기를 할 수 있으며 자신감도 생긴다.

소리 내서 읽을 때의 효과

소리 내서 글을 읽을 때 생기는 긍정적 효과는 다음과 같이 정리할 수 있다.

집중력이 생기게 된다

읽기가 익숙하지 않은 아이는 글을 읽으면서도 자꾸 다른 생각을 하거나 장난을 쳐서 내용 파악을 못하는 경우가 있다. 이때 소리 내서 읽기를 하면 집중력과 기억력이 생기는데, 그 이유는 보기와 듣기가 동시에 이루어져 다른 생각을 할 수 없기 때문이다.

재미와 흥미가 생긴다

책을 구어체 말하기로 감정을 넣어서 읽으면 주인공이 된 듯 재미와 흥미도 느끼게 된다. 특히 저학년 아이들의 경우 동화책을 읽거나 그림책을 볼 때도 기쁜 장면이 나오면 밝은 목소리로 표현하고, 슬프거나 속상한 장면이 나오면 그 상황에 맞는 감정이입을 해 보는 것이다. 처음에는 어색하고 쑥스러울 수 있으나 재미있는 독서 방법이 될 수 있다.

발음 훈련에 좋다

발음 훈련에도 도움이 되어 또박또박 말하기를 할 수 있다. 말 끝을 흐리거나 우물거리는 발음은 소리 내서 읽기를 하면 좋은 효과를 볼 수 있다. 적당한 목소리로 크기를 조절할 수 있고 강약이나 멈춤도 활용할 수 있게 된다.

반장이나 회장에 출마할 때는 미리 원고를 써서 공약 사항을 만든다. 이때도 책 읽듯이 말을 하면 공감을 형성하지 못하게 된다. 원고 내용은 써놓아도 말하듯이 표현해야 의사 전달을 분명하게 할 수 있으며, 말하는 사람은 자신감이 생기고 듣는 사람은 편안함을 느끼게 된다.

이 방법은 학생들뿐만 아니라 성인들에게도 해당된다. 대중 앞에서 말을 하려면 목소리가 떨려서 발음이 잘되지 않는 사람은 소리 내서 구어체로 책을 읽는 연습을 하면 자연스러운 말하기를 할 수 있다.

흔적을 남기면서
책을 읽자

밑줄도 긋고 생각도 적어보기

독서 수업을 하다 보면 한 권을 다 읽을 때까지 행여 책이 접힐까 때라도 묻을까 소중하게 간직하는 학생들을 보게 된다. 그런데 나는 책을 읽기 전 아이들에게 연필을 준비시키고 책에 밑줄을 그을 준비를 시킨다. 먼저 한 문단을 읽고 같이 생각을 하면서 작가의 의도가 무엇인지, 이 책의 주인공은 누구인지, 왜 이 글을 썼는지 질문을 하고 그곳에 밑줄을 긋게 한다. 그다음 여백에 줄을 그은 이유를 짧게 적어보게 한다.

처음에는 다소 엉뚱한 곳에 밑줄을 그을 수도 있다. 하지만 이 또한 나를 발전시키는 독서가 될 수 있다. 밑줄 긋기 독서는 시간이 한참 지난 후에 다시 책을 열어볼 때도 기억을 떠올리게 하며 다른 책들과 연결시켜 사고력 확장에도 도움이 된다.

우리는 여행을 할 때도 기억을 남기려고 사진을 찍고 소감을 적어보기도 한다. 새로운 책을 읽는 것은 마치 새로운 세계를 여행하는 것과 같다. 흔적을 남겨 기록하지 않으면 읽은 책이 쉽게 잊혀질 뿐만 아니라 독서를 통해 얻은 지식이나 정보를 내 것으로 만드는 데도 어려움을 남긴다. 또한 여러 번 같은 책을 읽을 때는 색연필을 사용해 다른 부분에 밑줄을 그어보는 것도 좋다. 다시 읽으면서 밑줄을 긋다 보면 처음에 전혀 생각하지 못했던 부분이 눈에 들어오고 놓쳤던 생각을 다시 하게 되는 효과가 있다. 이러한 밑줄 긋기를 통해 저자가 말하고 싶은 책의 핵심 내용은 무엇인지, 핵심 주장 근거는 무엇인지를 파악하게 된다.

종훈이는 '책을 깨끗하게 봐야 한다'라는 생각을 갖고 있던 아이였다. 수업 중에 연필로 밑줄을 긋고 생각도 써보라고 하니 주저했다. 하지만 책을 읽을 때 왜 밑줄을 긋고 여백에 생각을 쓰는지 설명을 해주었더니 바로 실천했다. 한 권의 책을 끝까지 읽고 밑줄을 그은 부분과 메모로 남겨놓은 부분을 바탕으로 내용을 소개하니 훌륭한 스토리텔링이 되었다. 이렇게 흔적을 남기면서 생각을 정리하면 독서가 재밌어지고 기억에 오래 남게 된다.

밑줄 그은 것에 내 생각이 들어 있다

책을 읽다 보면 유난히 공감이 되는 부분이 있기 마련이다. 공감이 된다는 것은 내 생각과 일치한다는 것이기도 하다. 예컨대 자존감이 낮은 사람은 책을 읽다 자존감 이야기가 나오면 더 관심이 간다. 자연에 관심이 있거나 동식물에 관심 있는 사람이라면 그런 책을 읽게 될 것이고 내 생각과 일치하는 것을 발견하게 될 것이다. 그렇게 공감되고 기억하고 싶은 내용에 밑줄을 그으면 그것에 내 생각이 들어 있는 것이다. 이처럼 밑줄을 긋는 것은 나의 정체성을 발견하게 하고 나를 확인하게 하는 과정이 된다.

나는 수업에서 밑줄 그은 내용을 내가 평소에 자주 사용하는 단어로 바꿔서 글을 쓰거나 말을 만드는 연습도 한다. 이 방법은 글쓰기나 말하기에 좋은 효과가 있다. 쓰기를 할 때 베껴 쓰기를 하는 방법도 있는데 베껴 쓴 후에 내 언어로 바꿔서 쓰는 연습은 확실히 효과가 있다. 결국 책 한 권의 내용 중에 내 생각과 일치하는 것에 밑줄을 긋고 내 언어로 만들어본다는 것은 또 다른 창작 활동이 될 수 있는 것이다.

메모는 흔적이 되고 흔적은 창조가 된다

우리의 기억에는 한계가 있다. 이 한계를 뛰어넘어 오래 기억하는 방법은 바로 메모를 하는 것이다. 특히 책을 읽을 때 메모는 독서의 효과를 줄 뿐만 아니라 나의 삶을 성장시킬 수도 있다. 실제로 흔적을 남기는 메모 독서는 많은 전문가들이 추천하는 독서 방법이기도 하다. 보기의 단계를 넘어 쓰기의 단계, 즉 메모는 배운 것을 실천할 수 있는 원동력이 된다. 처음에 책을 읽을 때 모르는 단어나 용어가 나오면 찾아본 다음 메모를 한다. 따로 메모장을 준비할 수도 있지만 나는 주로 책 여백을 많이 활용하는데 이때 공간이 부족하면 포스트잇이나 간단한 종이를 책갈피에 넣어둔다. 대부분의 메모는 책의 전체 내용을 파악하기 위한 용도로 쓰기 때문에 내용이 많지 않으며 여백을 활용하면 좋다. 이해가 되지 않는 단어를 찾아 그때그때 메모로 남기면 책 읽기가 훨씬 쉬워지는 마법을 경험할 것이다.

우리가 책을 읽는 목적은 읽기를 통해 다른 사람의 생각을 받아들이고 내 것으로 창조를 하기 위함이다. 아이들이 글을 쓴다는 것도 창작의 일종이 된다. 메모의 흔적이 아무것도 아닌 것 같지만 모여서 작품이 되는 경우가 많다. 나는 얼마 전 〈전교 1등의 비밀〉이라는 영상을 본 적이 있다. 공부를 잘하는 학생들은 수업 시간에 중요하다고 생각되는 부분을 꼼꼼하게 메모한다. 그렇게 메모된 부분을 바탕으로 복습을 하고 기억에 남는 공부를 하는 것이다. 책을 읽을 때도 마찬가지다. 기억하고 싶은 문장이나 활용하고 싶은 내용을 메모로 남기면 이런 작은 습관들이 결국 모여 의미 있는 독서가 될 수 있다.

흔적을 남긴 독서는 기억을 살려준다

독서 수업을 하다 보면 아이들이 "선생님, 이 내용은 지난번에 봤던 책에서 읽은 기억이 있어요"라는 말을 하는 경우가 종종 있다. "어떻게 기억을 했어?"라고 물으면 "좋은 말 같아서 메모를 해 놨거든요"라는 대답을 한다. 이처럼 공감되는 문장을 메모하면 기억을 되살려 다른 책을 읽을 때 사고를 확장하는 데 도움이 된다. 즉, 흔적을 남긴 독서는 기억을 살려준다.

헤르만 에빙하우스(Hermann Ebbinghaus)의 망각 곡선(Forgetting Curve) 연구를 보면, 무언가를 읽은 다음 그 내용이 20분 후에는 42%가 잊혀지고, 1시간 후에는 56%가, 하루 뒤에는 67%가 잊혀진다고 한다. 게다가 한 달이 지나면 79%를 망각해버린다고 한다. 이 연구를 보면 기억을 남기는 일은 공부나 일상에서도 중요한 역할을 한다는 것을 알 수 있다. 아무리 감동적인 책을 읽어도 그때뿐이고 기억이 나지 않는다면 얼마나 속상하고 답답한 일인가? 그러니 오래 기억하고 싶은 문장을 흔적으로 남기는 것은 독서에 있어서 중요한 역할을 한다.

. . .
한 권이라도
제대로 읽어라

제대로 읽는 것이 필요한 이유

"책 속에는 길이 있다", "책을 읽는다고 모두 성공하는 건 아니지만 성공한 사람치고 책을 읽지 않은 사람은 없다" 등의 말이 있다. 그만큼 독서가 중요하다는 뜻이다. 그래서 우리 아이들에게 좋은 독서 습관을 만들어주기 위해 많은 부모들이 노력을 한다. 책을 읽는 이유로 지식이나 정보의 습득도 있지만 가장 중요한 이유는 생각을 할 수 있는 상상의 나래를 펼 수 있기 때문이다. 아직 많은 경험을 하지 못한 아이들에게는 책이야말로 무궁무진한 또 다른 세상이 된다.

그런데 독서를 할 때 놓치지 말아야 될 것이 있다. 바로 '제대로' 책을 읽는 것이다. 때로는 양에 비중을 두어 많이 읽는 것도 좋겠지만, 한 권을 읽더라도 정확하게 읽고 내용을 체득해 내 것을 만드는 것이 무엇보다 중요하다. 내 수업은 책을 읽고 내용을 정리해 스피치를 하는 방법으로 진행하는데 이때도 제대로 책을 읽지 않으면 말로 표현하지 못할 뿐만 아니라 내용을 기억하지 못하는 경우도 있다. 제대로 읽어야만 생각을 모을 수 있고 달아나는 기억을 붙잡을 수 있다.

또한 제대로 책을 읽으면 작가의 생각과 핵심을 파악해서 나와 연관 있는 부분을 찾을 수 있다. 아무리 좋은 책이라도 내가 관심이 없고 작가의 의도와 동떨어진 해석을 하면 제대로 된 독서라고 할 수 없다. 책을 제대로 읽게 되면 작가와 대화하는 느낌이 들고 질문을 만들 수 있으며 질문과 관련된 내용을 찾게 된다. 그리고 왜 질문하는지, 다른 사람들은 어떻게 생각하는지를 궁금해하고 토론도 할 수 있다. 그래서 책을 제대로 읽는 것이 필요한 것이다.

바람직한 독서의 핵심은 무엇일까? 바로 꾸준히 읽는 것이다. 벼락치기로 시간 날 때, 기분 좋을 때 책을 읽는 것은 바람직하지 않다. 요즘 스마트폰이나 TV 같은 미디어에 익숙해진 아이들의 환경을 독서 분위기로 만들어야 한다. 그러면 사고력도 높아지고 한 권을 읽더라도 오래 기억되어 자기효능감이 상승한다.

어떻게 읽는 것이 제대로 읽는 걸까

많은 부모들이 '재미와 흥미를 느끼면서 이해력과 사고력을 키우는 제대로 된 독서가 무엇일까?' 하고 궁금해 한다. 과연 가능한가 싶기도 할 것이다.

독서가 익숙하지 않다면 처음에는 먼저 조금씩 꾸준히 읽어야한다. 한꺼번에 많은 양의 책을 읽으면 제대로 독서하기 어렵고 흥미가 떨어질 수 있다. 그다음 한 권의 책을 끝까지 완독하는 습관을 키우면 된다. 제대로 된 독서를 위한 방법에는 어떤 것들이 있는지 알아보자.

제대로 된 독서를 위한 방법

- 아이 성장 속도에 맞는 책을 고른다. 아무리 좋은 책도 너무 어려우면 끝까지 제대로 읽기가 힘들다.
- 메모를 하면서 읽는다. "책을 읽을 때 깨끗하게 보면 깨끗이 잊어버린다"라는 말이 있다. 재밌는 부분, 호기심이나 궁금증이 있는 곳에 밑줄을 긋거나 메모를 하면 오래 기억된다.
- 읽은 책을 요약해서 표현을 해본다. 동화책이나 그림책도 괜찮다. 기억에 남는 부분으로 스토리텔링을 하다 보면 놓쳤던 부분도 다시 찾아보게 되고 이야기를 하면서 생각도 정리된다.
- 간단하게 글로 써보는 연습을 한다. 앞서 언급한, 메모했던 부분이나 밑줄을 그었던 부분을 내 말로 바꿔서 조금씩 변형

해 본다. 이 방법은 어휘력의 향상과 다양한 단어 연상에도
도움된다.

아이들의 독서 습관을 만드는 것은 매우 중요하다. 도서관이나
서점을 자주 방문해 많은 사람들이 책을 읽는 모습을 보게 하거나
가족들이 함께 독서하는 환경을 만드는 것이 필요하다. 이때는 같
은 책을 읽고 느낀 점이나 교훈이 되는 부분을 토론함으로써 책의
내용을 자신의 것으로 만들 수 있다. 바로 이것이 바람직한 독서
방법이다.

제대로 읽었을 때의 효과

제대로 책을 읽었을 때 나타나는 가장 큰 효과는 문해력을 키우
게 되는 것이다. 문해력이란 글을 읽고 문장을 해석할 수 있는 능
력이다. 문해력이 좋으면 글의 흐름이 잘 이해되고 작가의 의도와
내 생각을 쉽게 정리할 수 있다. 우리나라는 문맹률, 즉 글자를 못
읽는 사람의 비율은 1% 미만으로 낮은 편이다. 반면에 문해력은
25%가 채 되지 않아 OECD 38개국 중 최하위라고 한다. 글은 읽
지만 내용을 모르는 것이다. 그래서 제대로 된 독서가 필요하다.

제대로 된 독서는 언어 능력도 향상시킨다. 언어는 인간의 삶에
반드시 필요한 의사소통 도구이며, 제대로 책을 읽으면 세상을 넓

게 보는 능력이 생겨 시야가 넓어진다. 또한 책에서 얻은 다양한 간접 경험을 활용해 대화의 소재도 풍성해질 수 있다. 상황에 맞는 말하기를 하려면 상대의 입장을 생각하는 능력이 필요한데, 이 역시도 제대로 된 독서에서 비롯된다.

학습 능력도 제대로 된 독서에서 시작한다

학습 능력은 새로운 내용을 이해해 익히는 것이기 때문에, 어휘력이 지대한 영향을 미친다. 어휘력이 있다는 것은 낱말의 형태나 의미를 이해할 수 있다는 뜻이다. 어휘들 사이의 관계를 파악해서 전체적인 맥락을 이해하면 학습 능력이 높아진다. 즉, 글자 하나하나의 의미, 문장의 흐름을 파악하는 것이 학습 능력과 연관된다. 그래서 미국의 모든 교과서는 어휘력을 중심으로 이루어진다고 한다.

그리고 독서는 기억력도 향상시킨다. 글을 집중해서 읽으면 정보가 내 머릿속에 기억으로 남는다. 기억은 이해력에 있어서 바탕이 되고 이는 사고력을 키우는 것으로 연결된다. 아무리 좋은 아이디어나 이해된 내용도 기억되지 않으면 실용성이 없다. 기억된 내용을 바탕으로 새로운 창의력이 생기기 때문이다.

질문을 만들기 위해서도 제대로 된 독서가 필요하다. 질문은 또 다른 것이 궁금할 때도, 잘 모르는 부분이 있을 때도 필요하다. "아는 것을 안다고 하고 모르는 것을 모른다고 하는 것, 그것이 앎이다"라는 공자의 말처럼 모르는 것을 질문하면 새로운 것을 알아갈 수 있게 된다.

이처럼 제대로 된 독서는 다양한 방면에서 효과를 볼 수 있다. 다독(많이 읽는 것)보다는 정독(글자와 낱말의 뜻을 하나하나 알아가며 자세히 읽는 것)이 중요한 이유이기도 하다. 우리 아이가 제대로 읽은 한 권의 책이 시야를 넓히고 생각을 정리하게 해서 학습 효과를 높이는 것은 물론 많은 사람들과 소통하는 즐거움을 선사하는 것이다.

...
독서가 학습 능력을
결정한다

독서는 모든 공부의 밑바탕

책을 읽는다는 것은 글자를 통해 그 속에 담겨진 의미를 파악하는 것이다. 의미 파악을 잘하려면 이해력이 있어야 하고 이는 사고력의 근본이 된다. 이렇게 독서를 통해 키워진 힘을 '문해력'이라고 하는데 문해력은 바로 학습 능력과 관계가 있다. 국어, 영어, 수학 등 모든 과목을 공부할 때 사고력, 암기력, 응용력, 지구력이 조화를 이루어야 학습 능력을 키울 수 있기 때문이다. 독서를 통한 학습 효과에 대해 다섯 가지로 정리해 보고자 한다.

- 배경지식을 쌓을 수 있게 된다. 독서를 하게 되면 간접적인 경험을 하게 되는데 이는 다른 공부와 연결이 될 뿐만 아니라

정보를 효과적으로 활용할 수 있게 한다.

- 기초 학습 능력을 탄탄하게 할 수 있다. 단어나 문맥의 흐름을 잘 파악하면서 이해력이 넓어지므로 모든 공부의 기초 능력을 성장시킬 수 있기 때문이다.
- 어휘력과 표현력이 높아진다. 책 속에는 다양한 어휘들이 있고 이를 표현하는 뛰어난 문장들이 많다. 이는 사고력을 키우는 좋은 재료가 되기도 하고 공부에도 도움이 된다.
- 집중력이 향상된다. 읽기에 몰입하면 자연스럽게 집중하게 되고 이는 집중력 향상은 물론 인내심을 키우는 과정이 되기도 한다.
- 기억력을 향상시킨다. 학습을 통한 지식과 정보는 기억을 통해 저장된다. 머릿속에 저장된 지식은 새로운 지식과 결합해 개념과 사고를 확장해나갈 수 있게 된다.

읽기가 당장 학습 효과를 나타내지는 않는 부분도 있으나 꾸준한 독서야말로 모든 공부의 밑바탕이 되는 것은 자명한 사실이다. 초등학교 고학년인 세영이는 공부를 잘하는 학생이다. 그런데 읽기 수업을 하다 보니 우수한 학교 성적과는 달리 읽은 책의 내용을 이해하고 표현하는 것을 어려워했다. 그래서인지 다른 과목은 거의 상위권 점수를 지키고 있지만 국어는 많이 힘들어했고 성적도 별로 좋지 않았다. 본인이 느끼기에 학년이 점점 올라갈수록 이해가 안 되는 부분들이 점점 늘어나서 읽기 수업에 참여하게 되었다고 했다. 문장을 읽고 이해가 안 되는 것은 다른 과목을 공부할 때도 영향을 미치게 될 것이라고 느낀 것이었고 '학년이 올라갈수록 점점 난이도가 있는 공부를 하게 될 텐데'라는 판단을 한 것이었다. 세영이는 읽기를 통해 사고력을 높였고, 다양한 배경 지식을 쌓았으며, 핵심 단어와 문맥을 파악했다. 그러다 보니 교과서에 나오는 문장을 이해하게 되었고 성적을 올릴 수 있었다.

어떻게 읽는 것이 학습 능력을 키우게 될까

읽기를 할 때는 눈으로 보면서 생각을 동시에 해야 한다. 그래서 책을 읽다 보면 분석을 하게 되고, 작가의 의도를 파악하며, 생략된 내용은 무엇인지 추론하게 된다. 또한 주제어와 개념이 무엇인지도 생각해야 한다. 그래서 글을 부분적으로도 이해하고 전체를 파악하는 능력도 키워나가야 한다. 그렇다면 어떻게 읽는 것이 학습 능력을 키우게 될까?

핵심 개념을 파악하는 능력을 향상시켜야 한다

핵심 개념은 여러 번 강조되기 때문에 주제와 관련성이 깊을 수 있다. 핵심 개념을 잘 찾고 의미 파악을 잘하면 세부 개념과의 연결성을 통해 이해도를 높여 학습 능력을 키울 수 있다.

글의 흐름과 짜임새를 이해해야 한다

중심 문장과 이를 설명하는 문장을 잘 파악해서 읽으면 흐름을 알게 된다. 모든 학습에는 전하고자 하는 내용이 확실하게 설정되어 있으니 흐름을 잘 따라가면 학습의 목적지에 잘 도달하게 된다.

모르는 단어나 문장의 의미를 꼭 찾아야 한다

의미 파악이 안 된 문장이 반복되면 책을 읽고도 무엇을 읽었는지 모르고 남는 것이 없다. 공부는 열심히 했지만 좋은 성과를 얻지 못하는 결과로 이어질 수 있으니 모르는 것은 이해를 하고 넘어가는 것이 중요하다. 주제를 파악하고 핵심 문장이나 주제어를 찾아내어 나타나지 않는 내용까지 상상할 수 있다면 최고의 독서가 될 뿐만 아니라 학습 능력을 키우는 데도 중요한 역할을 할 것이다.

독서를 통한 문해력 향상과 학습 능력의 관계

《EBS 당신의 문해력》(김윤정 글·EBS 당신의 문해력 제작팀 기획, EBS BOOKS, 2021)이란 책을 보면 문해력이 학습 능력에 많은 영향을 미친다는 결과가 나타난다. 그러면서 "문해력은 누구나 책을 통해 키울 수 있고 이는 공부의 기초 체력을 채워주는 과정이 된다"라고 설명한다. 특히 우리나라는 전 국민의 문해력 수준이 많이 떨어진다는 말을 종종 듣는다.

EBS 제작팀은 한 초등학교를 찾아가 기초 문해력 진단 평가를 실시했다. 자모 이름 대기, 단어 읽기, 읽기 유창성 검사, 단어 받아쓰기 검사로 평가 기준을 삼기로 했다.

자모 이름 대기는 한글의 자음과 모음을 알고 있는지 측정하는 것으로, 목록에 있는 자음과 모음을 순서대로 가리키고 3초 이내 답을 하게 한다. 단어 읽기는 주어진 단어의 소릿값을 정확하게 알고 있는지 확인하는 것으로, 목록에 있는 순서대로 단어를 가리키고 3초 이내에 답하게 한다. 읽기 유창성 검사는 정해진 시간 안에 지정된 글을 얼마만큼 정확하게 읽는지 확인하는 것으로, 생략한 글자, 첨가하거나 반복해서 읽은 글자가 있는지 확인한다. 단어 받아쓰기 검사는 불러주는 단어를 한글 표기 체계에 맞게 적는 능력을 측정하는 것으로, 친숙한 단어부터 현실에 존재하지 않는 단어까지 포함한다.

이렇게 진단 평가를 받은 학생들의 문해력 점수는 거의 문맹 수준에 가까웠다는 결과를 보았다. 실제로 내 수업에서도 이런 진행 방식으로 문해력 키우기 수업을 하는데 이때 읽기가 기본이 된다. 정해진 책을 끝까지 읽으면서 위의 네 가지 방법을 적용했더니 문해력 수준이 점점 올라가는 것을 알 수 있었다. 이는 문해력의 기본인 말하기, 듣기, 읽기, 쓰기를 발전시켜 학습 능력 향상에 큰 영향을 미칠 것이다.

책을 읽고
질문하기

왜 질문해야 하는가

먼저 왜 질문이 중요한지 알아보자. 질문을 하는 이유는 간단하다. 내가 알고자 하는 정보나 지식을 얻거나 다양한 종류의 궁금증을 풀기 위해서다. 이런 질문은 다른 사람들의 생각을 다양하게 접하면서 사고력과 이해력을 높일 수 있게 한다.

아이들이 어릴 때는 주변의 모든 것이 신기하고 궁금하다. 그래서 엉뚱한 질문을 하기도 하고 어른들이 생각하지 못하는 신기한 질문을 해서 웃음을 자아내기도 한다. 질문을 통해 사물을 익히고 언어 능력도 배워가는 것이다. 이처럼 질문은 성장 과정에서 반드시 필요한 요소인데, 요즘 아이들은 질문의 횟수도 줄어들고 아예 질문을 하지 않는 경우도 있다.

유대인은 전 세계 인구 중에서 0.2%를 차지하는 데에 비해 역대 노벨상 수상자의 22%를 차지한다. 이들은 미국에서 법률, 경제, 과학, 사회는 물론 예술 분야에서도 중요한 역할을 한다. 유대인들이 전 세계에서 이렇게 경쟁력이 있는 이유를 그들의 문화에서 찾아볼 수 있다.

유대인들은 읽고 질문하는 문화를 중요하게 생각한다. EBS에서 제작한 〈다큐프라임 - 왜 우리는 대학에 가는가〉를 보면, 유대인 명문 종합대학인 예시바대학교(Yeshiva University) 도서관에서 책을 읽고 큰 소리로 토론하고 질문하는 모습을 볼 수 있다. 유대인들은 어릴 때부터 그들의 경전인 《탈무드(Talmud)》를 소리 내서 읽고 궁금한 점을 토론하고 질문하는 것을 전통으로 생각한다. 이런 부분이 차별화되어 노벨상까지 휩쓸어가는 걸 보면 토론과 질문의 효과를 새삼 실감할 수 있다.

책을 읽고 질문을 생각하는 것은 자신의 가치를 찾기 위해서도 필요하다. 왜 공부해야 하는지, 왜 운동을 하는지, 나의 꿈은 무엇인지, 왜 친구들과 사이좋게 지내야 하는지 등 다양한 부분에 대해 질문을 하면 깊이 생각하게 되고 이 생각은 우리 삶의 목표와 가치를 찾는 데 중요한 역할을 한다.

아이들과 독서 토론 수업 중에는 질문 나누기를 한다. 한번은 생텍쥐페리(Saint-Exupéry)의 《어린 왕자》를 읽고 토론을 했을 때 초등학생 영서가 한 질문이다.

1. 어린 왕자는 왜 양을 그려달라고 했을까요?

2. 책에 나온 주정뱅이 아저씨는 왜 코가 빨간가요?

3. 우리도 죽으면 어린 왕자처럼 별나라에 가나요?

4. 여우는 친구를 기다리는 걸 좋아하는 걸까요?

함께 토론했던 아이들은 영서의 질문에 서로 답하면서 "왜 다른 동물도 있는데 양이었을까? 나는 토끼가 더 좋은데", "산타 할아버지 코도 빨간데 주정뱅이 아저씨와 닮았네. 별나라는 죽지 않아도 로켓으로 갈 수 있는데" 하는 식으로 다양한 질문을 하고 토의를 하며 즐거운 시간을 가졌다. 책은 작가의 생각과 계획대로 쓰이지만 우리는 질문을 통해 사고를 확장할 수 있는 것이다.

질문은 아이디어를 만든다

학교 또는 학원 수업을 하고 나면 대개 선생님들은 "오늘 공부한 내용에 질문 있나요?"라고 물어본다. 이때 선생님도 미처 생각하지 못했던 내용이 질문으로 나와 수업의 깊이가 더해지는 경우도 있다. 그래서 질문은 새로운 아이디어가 되기도 하고 창의력을 키우는 힘이 되기도 한다.

질문 하나가 인류 역사에 엄청난 발견으로 이어지기도 한다. 15세기 영국의 철학자이자 물리학자였던 아이작 뉴턴(Isaac Newton)은 어느 날 사과나무 아래에 앉아 있다가 사과 하나가 뚝 떨어지는 것을 보았다. 대부분의 사람들은 '가을이니까 사과가 떨어졌구나'라고 생각할 텐데 뉴턴은 '왜 사과가 떨어졌지?'라고 질문했으며, 그것이 '만유인력의 법칙'을 발견하는 것으로 이어졌다.

또한 고대 그리스의 수학자이자 물리학자였던 아르키메데스(Archimedes)도 일반 사람들이 당연하게 생각했을 경험을 그냥 넘기지 않았고 질문을 했다. 그로 인해 중요한 원리를 발견했다. 그 당시 왕이었던 히어로 2세는 자신의 왕관이 진짜 금으로 만들어졌는지 궁금했다. 왕은 아르키메데스를 불러 이 왕관이 순금으로 이루어졌는지 진위 여부를 판단하게 했다.

어떻게 알 수 있을지 고민하던 중 목욕탕에 들어갔는데 물이 넘쳐흐르는 것을 보고 '왜 물이 넘치지?'라는 호기심과 함께 아이디어가 떠올랐다. 그리고 순금으로 만든 왕관과 다른 재료가 들어간 왕관을 가득찬 물에 넣었더니 넘치는 물의 양이 달랐다. 그 후 이 일화가 '아르키메데스의 원리'가 되어 현재까지 새로운 가르침을 주고 있다.

이처럼 우리 주변의 모든 사물과 현상은 질문이 될 수 있다. 질문하기 위해서는 관심이 있어야 한다. 생각하고 관찰하는 능력을 가질 때 질문거리가 생긴다. 특히 책을 읽을 때도 관심을 갖고 질문을 만들어내는 노력을 하면 창의적인 독서가 이루어진다.

독서를 통한 인풋과 아웃풋

읽기가 인풋(Input)이라면 질문은 아웃풋(Output)이라고 할 수 있다. 독서를 통해 내 머리와 마음으로 들어간 내용이 잘 정리되어 나올 수 있도록 하는 것이 바로 질문이다. 읽고 질문하기의 효과에는 어떤 것들이 있을까?

읽고 질문하기의 효과

- 글의 내용을 더 깊이 이해하고 전체적인 흐름 파악도 할 수 있게 된다. 내 질문의 의도가 무엇인지 정확하게 판단해야 되기 때문이다. 또한 전체적인 흐름 파악이 전제되지 않으면 엉뚱한 질문이 될 수 있기 때문이다.
- 무엇을 알고 무엇을 모르는지 명확해진다. 알고 모르는 것을 명확하게 하는 것만으로도 질문의 핵심을 놓치지 않게 된다.
- 스스로 질문을 만들다 보면 사고력과 문제해결력이 생긴다. 질문과 답은 한 쌍이기에 생각하고 해결하는 힘이 생기게 되는 것이다.
- 함께 의견을 나누면서 협동심과 단결력도 키울 수 있다. 토론을 할 때는 상대의 입장을 배려하고 존중하면서 의견을 주고 받기에 함께 뜻을 모을 수 있는 기회가 된다.
- 친구들과 대화를 하게 되니 의사소통 능력도 자연스럽게 높일 수 있다. 같은 책을 읽더라도 서로 다른 의견이나 생각을 나누

게 되니 다름을 인정하면서 소통하는 능력을 키우게 된다.

내가 진행하는 수업에서도 독서 토론 시간이 있는데 이때 나는 몇 가지 질문을 한다. 예를 들면 "표지나 제목 등을 처음 보았을 때 느낌은 어떤가?", "책 전체 내용 중에 가장 기억에 남는 부분은 어떤 부분이고 내용과 비슷한 경험은 있는가?", "책을 읽으면서 궁금했던 점은 무엇인가?" 등의 질문이다. 이처럼 책을 읽고 질문을 하는 것은 독서에 있어서 좋은 길라잡이가 될 수 있다.

질문하고 토론하면 다른 것이 보인다

책을 읽고 질문을 하기 위해서는 제일 먼저 내용 파악이 되어야 한다. 그 후 책이 주는 교훈이 무엇인지를 먼저 생각해 본다. 읽기를 통해 교훈을 찾는 것 자체도 도움이 되지만 읽은 책에서 질문을 만들어내면 사고를 확장하는 역할을 한다. 책을 읽고 토론했을 때 좋은 점을 살펴보자.

가족 간에 소통이 생긴다

부모님과 자녀가 같은 책을 읽고 질문을 주고받는 토론을 하면서 가족 간 소통하는 대화를 할 수 있다. 이때 자녀는 자신의 의견을 부모에게 전하며 읽은 책에 대한 좋은 기억을 오래 남길 수 있는 효과를 볼 수 있다.

창의성과 배려심을 키울 수 있다

책을 읽은 후 한 구절씩 깊이를 새겨보고 질문을 만들고 친구들과 대화하고 토론하면 다양한 생각을 들을 수 있게 된다. 이러한 다양한 생각은 창의성을 키우는 토대가 된다. 게다가 상대의 이야기를 끝까지 듣게 되어 배려심을 기를 수 있게 된다.

사회 적응 능력이 생긴다

책 속에는 사회성에 대한 많은 내용도 있고 건강한 사회 구성원으로 살아갈 수 있는 지식과 경험이 있다. 이를 발견하고 질문하며 의견을 나눌 때 이 사회의 건강한 인재로 성장할 수 있는 것이다.

앞서 언급했듯이 유대인들은 그들의 경전인 《탈무드》를 읽고 서로 질문하고 토론하며 소통을 해왔다고 한다. 그를 통해 많은 고난과 역경을 이겨내고 지금은 전 세계에서 중요한 영향력을 미치는 사람들이 되었다. 그들은 《탈무드》의 글 속에서 우리가 살면서 필요한 사랑, 배려, 소통, 효, 헌신, 나눔 등 다양한 개념을 깨닫고 깊이 사고하는 능력을 키운 것이다.

당연하다고 생각하는 것에 질문을 하면 다른 것을 보게 된다. 예를 들면 '가난이란 어느 정도 돈이 없을 때를 말하나?', '돈이 많아도 가난한 사람도 있지 않을까?', '사랑이란 어떤 것을 말할까?', '국가는 왜 소중한 것일까?' 등 다양한 생각을 하면서 질문을 만들 수 있다.

그동안 우리 사회의 분위기는 책을 읽고 조용히 사색하는 것이었다. 이제는 사색하는 과정을 넘어 서로 질문하고 토론을 한다면 다른 사람의 질문에서 안 보이던 것을 보게 되고 창의성을 만들어가게 될 것이다.

읽은 책에서 질문을 만들어보자

책을 읽다 보면 저자와 대화를 하게 되는데 이때 무엇이든 수용하는 자세의 독서보다 궁금증이나 호기심을 갖는 독서를 해보는 것도 좋다. 그래서 같은 내용의 책을 읽고 각자 다른 생각을 할 수 있는 질문을 만들어보는 것도 필요하다.

질문에는 열린 질문과 닫힌 질문이 있는데 열린 질문은 개방형 질문으로 사고를 확장할 수 있게 한다. 그래서 질문을 통해 책 밖의 세상을 연결시켜주고 어떤 일의 원인과 결과에 대해서도 생각할 수 있게 한다. 닫힌 질문은 폐쇄형 질문으로 "예", "아니오"와 같이 간단하게 답할 수 있는 질문이며 생각의 범위를 넓혀주지 못한다. 그렇다면 어떻게 해야 좋은 질문을 만들 수 있는 것일까?

좋은 질문을 만드는 방법

- 책을 읽고 생각나는 대로 질문을 적어본다. 다소 엉뚱해도 좋으니 궁금증이 나는 모든 것을 적어본다. 단어의 뜻이나 문장의 내용 등 이해가 되지 않는 부분도 질문거리가 될 수 있다.

- 책 속에 나오는 인물, 사건, 배경, 줄거리 등에서 질문을 찾아본다. 주인공은 어떤 역할을 했는지, 사건은 왜 발생했는지, 그 사건을 통해 어떤 결과가 나왔는지 등을 생각하고 적어본다.

- '나'와 '우리' 중심의 질문을 만든다. '내가 이 책의 주인공이 된다면 어떻게 했을까?', '우리에게도 이런 일이 생긴다면 무엇에 중점을 둘까?' 등 자신의 관점을 비교해 보면 다양한 질문거리를 만들 수 있게 된다.

- 상상력을 발휘한 질문도 만들어본다. 책은 때로 우리가 경험하지 못한 세계를 상상할 수 있게 해준다. 이때 경험의 범위를 넘어 질문을 만든다. 이처럼 열린 질문으로 토론하고 의견을 나누다 보면 혼자 책을 읽고 멈추는 것보다 훨씬 많은 사고를 하게 되고 질문을 하는 방법도 익히게 될 것이다.

책을 읽고 질문하면 어떤 힘이 생길까

질문은 궁금증을 해결하고 알고 싶은 것을 얻게 하는 효과가 있다. 또한 상황이나 내용을 분명하게 알아야 정확하게 질문할 수 있다. 독서를 통해 얻을 수 있는 힘은 여러 가지가 있지만 정리해 보면 다음과 같다.

독서를 통해 얻을 수 있는 힘

- 책을 읽고 질문을 하는 과정에서 문제해결 능력을 키울 수 있다. 상대가 낸 질문이 내게는 문제가 되고 내가 낸 질문은 상대에게 문제가 될 수 있기에 문제해결 능력을 자연스럽게 키울 수 있다.
- 상대의 입장을 생각해볼 수 있는 '역지사지(易地思之)'의 마음을 갖게 한다. '상대의 입장에서는 저런 생각도 할 수 있겠구나'라는 생각을 하게 되므로 입장 차이도 느껴보게 된다.
- 질문은 집중력과 의사소통 능력도 확장시켜 대인관계에도 좋은 영향을 미친다. 책을 읽고 질문을 만들 때 대충 보아서는 좋은 질문이 생기지 않으며 깊이 보고 집중해야 의미 있는 질문이 만들어진다. 이는 원활한 의사소통 능력도 키워 가족이나 친구들 사이에도 좋은 관계를 만들어가는 데 힘이 된다.

자신만의 스토리를 중심으로 만들어진 질문은 아이의 자존감을 높여주고 창의력을 키워주는 원동력이 될 것이다.

독서의 핵심은
생각의 프레임 만들기

상상력을 통한 생각의 프레임 만들기

글을 읽는 것은 글자만 보는 것이 아니라 글을 통해 내용을 이해하는 것이다. 이해한 내용은 독자의 상상력으로 재해석되어 음악이나 그림이 되기도 하고 영화가 되기도 한다. 결국은 독서를 통해 자신만의 세계를 펼쳐가는 것이다. 그래서 독서는 이미지를 만들고 생각을 정리하게 해서 글을 3차원으로 해석하는 능력을 키우기도 한다. 아이들이 어릴 때는 부모님이 읽어주는 내용만으로 무서워하기도 하고 즐거워하기도 한다. 이때 글을 통해 상상을 하고 현실적으로 생각했기 때문이다. 그뿐만 아니라 글을 읽으면서 몰입하다 보면 글에 쓰인 단어로 냄새가 느껴지거나 보는 것처럼 생각을 하게 되기도 한다. 결국 글을 상상하면서 읽다 보면 경험하는 것과 같은 효과를 보게 된다고 할 수 있다.

섬세하고 깊이 있는 독서는 더 넓은 세계를 여행하는 것과 같다. 다음의 글은 제2회 문학동네동시문학상을 수상한 김륭 저자의 〈기린〉이라는 동시다. 승호는 이 글을 읽고 자신의 감정을 상상하게 되었다.

키가 작다고 우습게 보지 마.

난 기린을 키워.

우리 반 코끼리 동수보다 키가 크고

엉덩이가 무거운 기린이야.

뻥치지 말라고?

하긴 강아지나 고양이를 키우는

너희들은 상상도 못했겠지.

난 기린과 함께 살아.

우리 할머니가 고생이 많지.

등이 꼬부라진 것도

기린 때문이야. 곰곰 생각해 봐.

닭이나 똥개라면 몰라도

기린을 키우면 얼마나 힘들겠니.

어디 한번 보여 달라고?

너희들이 오면 내 방에 숨어

꼼짝도 하지 않을걸.

난 기린과 함께 밥을 먹고 잠을 자.

난 기린을 키워. 가끔씩

기린이 나를 업어 줄 때도 있어.

엄마 아빠가 보고 싶을 때마다

긴 목을 하늘거리며 우두커니

먼 산을 쳐다보고 있는

기린이야.

- 김륭, 〈기린〉

승호의 부모님은 맞벌이를 하셔서 할머니께 승호를 맡기셨다. 키도 작고 왜소한 체격인 자신을 생각하면서 자신을 보호해주는 기린을 상상하고 감정이입을 했다. 특히 엄마, 아빠가 보고 싶을 때마다 '언제 오시려나?' 하고 기다리는 마음으로 목이 길어질 만큼 창밖을 내다보았다. 그리고 엄마, 아빠가 자기를 빨리 데리러오는 상상을 하면서 잠들곤 했는데 '이 시의 내용이 내 마음과 똑같구나'라는 느낌을 받았다고 했다.

책을 읽으면 생각의 프레임이 바뀐다

읽기란 글자를 통해 의미를 이해하고 해석하는 과정이다. 글자는 기원전 1894년에 세워진 바빌로니아에서 시작되었고 글자와 함께 인류 문명은 발전해왔다. 인쇄 기술이 발달하면서 책이 만들어졌고 다양한 분야의 지식을 쌓을 수 있게 되었다. 그런데 책을 읽다 보면 자연스레 자기가 좋아하는 분야가 생기게 되고 한쪽으로 치우친 독서를 하게 될 수 있다. 이러한 독서는 마치 편식처럼 지적 불균형을 생기게 한다. 관심이 없고 좋아하지 않는 분야라도 다양한 분야의 책을 읽어야 한다. 책의 분야를 보면 역사, 과학, 인문·사회과학, 시, 소설, 스포츠, 예술, 여행 등으로 나눌 수 있다.

역사는 인류 사회의 변천과 흥망성쇠의 과정을 기록해 놓은 것으로 현재의 잘못을 반성하게 하기도 하고 교훈을 남기기도 한다. 어려운 용어로 인해 의미 파악이 되지 않아 어렵고 힘들 수 있지만 요즘은 아이들 눈높이에 맞는 역사책도 많이 있다. 과학은 자연 현상과 인간 사회의 현상을 체계적으로 관찰해 그 관찰 결과를 바탕으로 보편적인 법칙을 발견하고 발전시키는 것이다. '과학은 이론과 공식 때문에 어렵다'라는 선입견이 있어 특히나 읽기 힘들어하는 분야다. 하지만 과학은 물리적·생물학적·화학적 이치를 깨닫게 해주는 중요한 학문이다.

인문·사회과학은 과거에는 철학의 하위로 분류되기도 했지만 지금은 따로 나누어져 인간과 사회에 대한 진지한 고민을 한다는 점도 재미있는 부분이다. 시나 소설은 우리가 쓰는 언어를 아름답게 글로 표현하는 순수 문학이라고 할 수 있다. 아름다운 글을 읽으면서 아름다운 마음을 갖게 되기 때문에 정서를 풍요롭게 해주는 역할을 한다.

소설은 작가의 상상력 또는 사실을 바탕으로 일정 부분 허구로 꾸며진 산문체의 글이다. 때로는 감수성을 풍부하게 하고 상상력을 키우는 데도 좋은 역할을 한다. 그 밖에도 스포츠나 예술 분야, 여행 책들은 내가 직접 가지 않고 해보지 않고도 간접 경험을 할 수 있게 한다는 점에서 많은 도움이 된다. 이처럼 다양한 책을 읽는 것은 생각의 프레임을 넓힐 수 있는 가장 좋은 방법이다.

책을 읽은 아이가 가진 생각의 차이

책을 읽으면 좋다는 것은 누구나 안다. 그래서 부모들은 자녀가 책을 잘 읽게 하기 위해 많은 노력을 한다. 하지만 안타깝게도 우리나라는 OECD 국가 중 독서량이 가장 낮은 나라이기도 하다.

문화체육관광부가 발표한 '국민독서실태조사'를 보면 꾸준히 독서하는 인구가 줄어들고 있다는 것을 볼 수 있다. 2021년 초·중·고 학생의 연간 평균 독서량은 24.7권(초등학생 51.7권, 중학생 14.8권, 고등학생 7.5권)으로 지난 2019년(32.4권)에 비해 7.7권 감소했다. 이 통계는 우리 아이들이 독서를 점점 더 힘들어하고 있다는 것을 보여준다. 아이들이 책을 읽지 않는 이유를 살펴보니 첫 번째는 '공부하느라 책 읽을 시간이 없어서'라고 한다. 두 번째는 '모바일, TV

를 보는 시간이 많아서'이고, 세 번째는 '책 읽는 습관이 잡히지 않아서'이다. 그 외에도 '어떤 책을 읽을지 몰라서', '재미가 없어서' 등 다양한 이유가 있었다.

독서의 중요성을 강조한 책 《하루 15분 초등 책 읽기의 기적》(서현정 역, 더블북, 2021)의 저자 수전 짐머만(Susan Zimmermann)과 크리스 허친스(Chris Hutchins)는 "독서를 평생 친구로 삼을 때 같은 글도 다른 느낌을 갖게 해주며 추리하는 법은 물론이고 공부력과 문해력을 키워 학습 능력의 차이를 만들고 생각의 프레임도 넓힐 수 있다"라고 했다. 한 연구에 따르면 책을 읽는 아이들은 어휘력이 발달하고 상상력, 사고력, 추론 능력 등 인지 발달을 통해 생각하는 범주를 확장시킨다고 한다. 또한 폭넓은 이해와 판단을 가능케 하며 내적 성숙과 정서적 안정 및 도덕성 발달에 기여한다고 밝혔다 (Kozak & Recchia, 2019; Noble et al., 2019; Dowdall et al., 2020).

이처럼 읽기가 주는 차이는 분명하다. 우리 아이들이 건강하게 성장하는 과정에 꼭 필요한, 정서적·심리적 안정감을 주는 비타민 역할을 하는 것이다.

...
감정이입적 독서를
해야 하는 이유

감정 표현의 훈련, 감정이입적 독서

감정의 사전적 정의는 '어떤 현상이나 일에 대하여 일어나는 마음이나 느끼는 기분'이다. 사람은 누구나 한 순간도 감정을 느끼지 않을 수 없기 때문에 감정을 잘 느끼고 깨닫는 것은 매우 중요하다. 이러한 감정을 알아차리고 상황에 맞는 감정을 잘 표현하는 것만으로도 우리는 건강한 삶을 살아갈 수 있다. 그래서 때로는 감정을 적절하게 표현할 수 있는 훈련도 필요하다.

감정 표현의 훈련 방법으로 좋은 것이 바로 책을 읽으면서 감정을 이입해 보는 것이다. 같은 책을 읽더라도 감정을 넣으면 자신이 주인공이 된 것 같은 느낌이 들어 기쁨과 환희를 느끼기도 하고 슬픔에 젖어 눈물을 흘리기도 한다. 우리가 읽고 있는 책은 작가가 일정한 목적을 가지고 내용을 격식에 맞추어 글이나 그림으로 표현하는 것인데 이때도 작가의 감정이 들어가게 된다. 그러니 책을 읽으면서 감정을 잘 파악하는 것만으로도 작가의 의도를 이해할 수 있고 책에 대한 이해도를 높일 수 있다. 특히 어린아이들의 경우 주인공이나 등장인물을 통한 이야기가 전개될 때 감정을 이입하는 독서는 반드시 필요하다. 감정이입적 독서는 몰입도를 높이기도 하며, 우리 일상에서 감정 표현을 잘할 수 있도록 해주는 역할을 한다. 물론 책의 장르에 따라 감정보다는 지식이나 정보가 중심이 되기도 하지만 소설 등 등장인물이 있는 책은 감정을 넣어 읽는 방법이 좋다.

이러한 감정이입적 독서는 일상에서도 도움이 된다. 범수는 조용하고 착한 아이였다. 어느 날 책을 읽고 책의 내용과 관련 있는 쓰기 수업을 병행했는데 수업을 같이 하던 친구가 쓴 글을 읽으면서 눈물을 글썽거렸다. 친구의 글이 자기 마음과 똑같았기 때문이었다. 친구의 글은 얼마 전에 돌아가신 할머니를 생각하며 쓴 글이었는데 범수의 할머니도 몸이 편찮으셔서 병원에 입원하셨기에 자신도 할머니가 돌아가실까 봐 걱정도 되고 슬픈 생각이 들었다고 했다. 이처럼 글은 우리의 일상에서 감정을 넣어 표현할 수 있는 훌륭한 도구이자 매개체다.

직접 읽다 보면 감정이 풍부해진다

사실 감정이입적 독서를 위한 방법에는 여러 가지가 있고 명확히 정의를 내릴 수는 없지만 아이들을 지도하면서 느낀 독서 방법을 소개해 보고자 한다.

감정이입적 독서를 위한 방법

- 분위기를 잘 살려 읽는다. 스토리가 전개되고 다양한 상황이 펼쳐지는 책이라면 분위기를 파악해서 읽게 되고 자연스럽게 감정이입을 하게 된다.
- 말의 억양이나 높낮이, 멈춤을 표현한다. 같은 말도 억양, 높낮이, 멈춤을 잘 표현하면 감정이입이 쉬워진다.
- 등장인물의 성향이나 성격을 살려서 읽는다. 때론 부모님이 책을 읽어줄 때도 등장인물의 성향이나 성격에 감정을 넣으면 리얼한 느낌이 들어 재미를 느끼게 된다.
- 말의 온도를 느끼면서 읽는다. 말에도 온도가 있다. 봄처럼 정감어린 어조는 따뜻함이 느껴진다. 여름에는 뜨거움도 있지만 소나기로 표현하면 시원함도 느끼게 한다. 가을에는 결실의 계절다운 선선함과 풍요로움이 있고, 겨울에는 눈보라 치는 것처럼 날카롭고 찬 기운도 든다. 이러한 다양한 온도를 살려 책을 읽다 보면 감정이입을 잘하게 된다.

감정이입적 독서의 효과

독서의 목적은 내용을 잘 파악하는 것을 넘어 일상에도 도움이 되는 것이라는 건 모두가 공감하는 바이다. 감정이 깊이 느껴지는 책을 읽으면 오랫동안 기억에 남을 뿐만 아니라 삶에 좋은 영향을 주게 된다.

한 연구 자료를 보면 감정이입적 독서가 아이들의 정서지능에 영향을 미친다는 사례가 있다. 연구팀은 인간의 기본적인 정서 발달이 어린 시기부터 이루어지며, 청소년기를 거쳐 성인이 되어서까지 이어져서 정서 조절 능력에 따라 사회적 관계 및 심리적 적응, 학업 성취도에도 영향을 미친다는 가설로 연구를 시작한다(〈감정이입적 그림책 읽기 활동이 유아의 정서지능 및 마음이론 발달에 미치는 영향〉, 정서연·이보람·홍혜경, 2015).

그리고 정서적 문제는 감정이나 공감 능력에도 상당히 관계가 있어 아동기에는 정서교육이 중요하다고 이야기한다. 이때 정서를 조절하는 것을 정서지능으로 표현하고 이는 지적능력과도 결합된 개념으로 소개한다. 결국 풍부한 정서적 경험은 전인교육 발달에 도움이 되고 성공적인 사회생활도 가능하게 한다. 정서 능력이 발달된 아이들은 다른 사람의 감정 상태까지도 잘 파악해 대인관계에도 영향을 미치게 된다. 이 연구는 감정이입적 독서의 효과에 대해 다음과 같은 결론을 얻었다.

- 감정을 이입하면서 책을 읽은 아이들은 자기인식능력, 자기조절능력, 타인인식능력, 타인조절능력에서 모두 높게 나타났다.
- 마음이론 발달도 높은 것으로 나타났다. 마음이론이란 다른 사람의 생각이나 감정을 어떻게 이해하는가를 느끼고 마음과 행동이 어떻게 연관되어 있는지도 깨닫는 것이다.
- 등장인물의 생각과 정서적 반응을 주인공의 관점에서 볼 수 있으며 등장인물의 행동을 명확히 설명하는 기회를 가짐으로써 다른 사람의 행동에 대한 이유를 더 잘 배울 수 있다.
- 감정이입적 독서가 의사소통 기술 및 사회성 증진에도 밀접한 관련이 있는 걸로 나타났다.

이 연구는 감정이입을 하고 책을 읽었을 때의 효과를 폭넓은 관점으로 해석했으며, 자신을 돌보며 타인의 입장을 이해하고 사회성을 키우는 데 중요한 효과가 있다는 것을 알려주었다.

책은 소통과
변화의 도구다

독서가 즐거워야 한다

요즘 아이들 세대는 책보다는 영상에 익숙한 세대다. 두세 살짜리 어린아이들도 핸드폰을 만지고 영상을 보며 재미를 느끼고 몰두한다. 식당이나 공공장소에서 아이들이 주변에 방해를 주지 않도록 스마트폰이나 태블릿을 보여주는 모습은 흔히 볼 수 있다.

이렇게 영상이 대중화된 시대지만 사고력을 키우기 위해서는 책을 멀리할 수 없다. 아이들이 커가면서 공부를 해야 되고 사고력도 키워야 되는데 이때 기본적으로 독서를 통해야 하기 때문이다. 그런데 영상에 익숙한 채로 아이를 그대로 두었다가 공부를 해야되는 시기에 갑자기 습관을 바꾸려면 잘되지 않고 더 많은 노력을 해야 한다.

책이란 글자를 통해 생각하고 내용에 의미를 부여하는 과정을 거쳐야만 재미와 의미를 느낄 수 있는 것이다. 반면 영상은 시각과 청각을 통해 바로 내용을 볼 수 있기 때문에 사고하는 시간이 짧다. 그래서 어릴 때부터 독서 분위기와 습관을 만드는 노력과 관심이 필요한 것이다. 하지만 실상은 부모들 역시 책을 재미있게 읽는 것이 쉽지 않아 고민을 토로한다. 이럴 땐 아이들 눈높이에 맞는 책을 골라 가족이 함께 보는 것을 추천한다. 서로 대화를 나눌 수 있는, 쉽고 편안한 책을 통해 가족 간 대화의 소재를 찾는 마음으로 책을 읽는다면 이는 좋은 독서 활동이 될 것이다. 그래서 책만 읽는 것이 아닌, 책 속에서 공감이 되는 부분을 찾고 서로 생각이 다른 부분을 토론해 보는 것이 좋다.

그림책을 본다면 그림의 색깔과 모양 그리고 책 내용과 연결시켜서 내 의견을 말해보는 것이다. 글자로만 된 책을 볼 때도 마찬가지로 자신의 생각을 정리해 보는 연습은 독서의 즐거움을 더해주는 요소가 될 것이다. 이런 활동은 다양한 어휘를 활용할 수 있는 능력을 키울 수 있도록 도와주며 다른 가족 구성원의 생각을 들을 수 있는 경청의 기회도 만들어준다. 같은 책도 연령대에 따라 표현력이 다르고 느낌도 다르기 때문에 각자의 의견을 들어볼 수 있게 되는 것이다. 그래서 가족 독서는 많은 양의 책보다 한 권이라도 의견 나누기를 제대로 해보는 것이 중요하다. 그리하게 되면 독서의 즐거움을 느낄 뿐만 아니라 가족의 소통에도 도움이 된다.

책 속에서 보물을 찾아라

책은 작가가 자신의 경험과 느낌을 글자로 표현한 것이다. 일반적으로 저자들은 '나의 경험이 책을 통해 누군가에게 조금이나마 도움이 되었으면' 하는 바람으로 집필을 시작한다. 나 역시 그동안 스피치 교육을 하면서 경험했던 내용을 바탕으로 독자에게 도움을 주고자 이렇게 두 번째 책을 내게 되었다. 책을 내기 전까지 많은 독서를 했고 그 속에서 보물들을 발견하게 되면서 '책을 써야겠다'라고 결심한 것이다.

책을 읽는 것으로 만족하는 것이 아닌, 그 너머에 숨어 있는 보물을 발견하는 것은 독서에서 빼놓을 수 없는 즐거움이다. 책 속의 보물은 각자의 눈높이에 따라 다를 수 있다. 우리는 책을 읽다가 마음에 와닿는 구절이 있다면 밑줄을 긋게 된다. 그렇게 밑줄 그은 부분이 내 삶에 영향력을 미친다면 그것이 바로 책 속에서 보물을 찾는 것이다. 또한 마음을 열고 나만의 공간에서 저자와 직접 1:1 대화를 나누듯이 생각한다면 책 속의 보물을 더 많이 발견할 수 있을 것이다.

《책은 도끼다》(박웅현 저, 북하우스, 2011)에서 "책은 읽는 것으로 만족하는 것이 아닌 우리 속에 꽁꽁 얼어붙은 감성을 깨뜨리고 잠자던 세포를 깨우는 것"이라고 했다. 한 줄의 글에서 울림을 받고 울림이 현실의 나를 움직이게 하는 것이야말로 책을 읽는 이유가 될 것이다. 책만 읽는 것이 아닌 나의 삶에 도끼가 되어야 한다. 그래서 책을 읽고 행동하면 글이 삶이 되는 것이다.

책을 읽다 보면 '이런 것은 꼭 해보고 싶다'라는 생각이 드는 부분도 있다. 이럴 때 행동으로 실천한다면 책을 단순히 읽는 것으로 끝나는 것이 아닌, 삶 자체가 될 수 있다. 아이들이 위인전이나 훌륭한 업적을 남긴 사람들의 자서전을 읽는 이유도 그들의 삶을 통해 교훈을 얻고 이를 실천하면서 발전할 수 있기 때문이다. 그래서 책은 읽기만 하는 것이 아닌, 변화의 시작점이 되는 것이 중요하다.

4장

퍼스널 브랜딩
스피치의 핵심,
'말하기'

· · ·
목표는 단순히 말을
잘하는 게 아니다

자신의 가치 발견하기

퍼스널 브랜딩 스피치는 자신의 가치를 발견해 자신답게 표현하는 것이다. 자기 자신을 아는 것은 누구에게나 중요하며 자신을 브랜딩할 때도 빼놓을 수 없는 요소다. 현대사회에서는 누구나 퍼스널 브랜딩 스피치를 필요로 하며 요즘 한창 인기 있는 1인 크리에이티브가 그 대표적인 예다. 남녀노소 누구라도 자신을 브랜딩을 하면 인정받고 자신만의 길을 갈 수 있기 때문이다. 초등학생이라도 자신만의 소신이 있다면 얼마든지 퍼스널 브랜딩 스피치로 자신의 능력을 발휘할 수 있다.

유튜브 채널 '어썸하은'을 운영하는 유튜버 나하은 양은 노래하며 춤을 추는 댄스 신동이다. 한 유튜브 영상에 구독자들이 보내준 내용으로 Q&A를 하는 것을 보았는데 어찌나 자신이 좋아하고 즐기는 내용을 톡톡 튀게 말하는지 '저것이야말로 퍼스널 브랜딩 스피치구나'라는 생각을 했다. 특히 질문에 답을 할 때 재치 있는 말하기로 많은 시청자를 사로잡았다. 하은 양은 발음이 분명해 말하는 내용이 귀에 쏙쏙 들어오는 것은 물론 상황에 맞는 제스처가 톡톡 튀어 말하기를 뒷받침했다. "10년 후 자신의 꿈이 무엇인가요?"라는 질문에는 자신의 끼를 살려 멋진 안무가가 되고 싶다는 답을 했는데, 그 말을 들은 후 나는 응원하고픈 마음이 저절로 생기는 신기한 경험을 했다. 이처럼 퍼스널 브랜딩 스피치는 말 잘하기를 넘어 자신의 가치를 찾아 빛나게 해주는 효과가 있다.

퍼스널 브랜딩 스피치로 잠재력을 깨워라

잠재력이란 겉으로는 드러나지 않지만 속에 숨어 있는 힘을 말한다. 폭탄의 경우 핀이 뽑히지 않을 때는 그 위력이 보이지 않지만 핀이 뽑히는 순간 어마어마한 폭발력을 발휘한다. 이처럼 인간은 누구나 겉으로 드러나지 않은 내면의 잠재력을 갖고 있다. 한마디로 인간의 뇌는 창의적이라서 노력한 만큼 내재된 능력을 발휘할 수 있다는 것이다.

《유연한 뇌》(이영아 역, RHK, 2022)의 저자 셸리 카슨(Shelley Carson)은 "뇌는 타고나는 것이 아니라 바꾸는 것이다"라고 했다. 그는 하버드대학교에서 활용하는 '일곱 가지 생각 훈련 방법'인 '연결, 이성, 상상, 흡수, 변형, 평가, 흐름'을 통해 많은 잠재력이 발휘될 수 있다고 했다. 여기에서 말하는 이성은 판단력인데 감성과 이성을 조화롭게 이루는 것이 필요하고, 상상은 사고력을 키우기 위한 노력이며, 흡수는 새로운 시각으로 받아들이는 능력이다.

또한 고정관념을 깨고 새로운 변화를 시도하는 것, 누군가의 생각이나 창작물을 스스로 평가하고 새로운 시각을 만드는 것, 현실의 흐름 파악을 잘해서 또 다른 시야를 갖는 것으로 해석된다. 이러한 방법은 뇌를 유연하게 만들어 잠재력을 깨우는 데 중요한 역할을 한다. 이처럼 생각을 훈련해서 잠재력을 깨우고 나만의 사고력이 바탕이 되어 브랜딩이 되는 것이 셸리 카슨이 강조하는 유연한 뇌일 것이다.

잠재력을 깨우는 또 다른 방법으로 《마지막 몰입》(짐 퀵 저·김미정 역, 비즈니스북스, 2021)의 저자 짐 퀵은 '고정관념 벗어나기, 확실한 목표 정하기, 집중력 높이기, 기억력 향상시키기'도 강조했다. 우리 아이들의 유연한 뇌는 성장하면서 숨겨진 잠재력이 발휘될 수 있는 터전이다. 잠재력을 깨우기 위해 아이들이 관심 있고 잘하고 싶은 것을 경험해 보는 것이 필요하다. 다양한 경험을 하면서 발견되는 것이 바로 자신의 잠재력이기 때문이다. 아무리 많은 생각을 해도 행동하지 않으면 잠재력은 발휘되지 않는다.

씨름 선수 출신의 예능인 강호동을 보면 재치 있는 말하기가 남

다르다. 씨름을 했을 때의 우직함을 뛰어넘어 재치 있는 말솜씨로 시청자들에게 웃음을 주는 그를 보면 잠재력을 깨워 자신의 새로운 길을 간 사례라고 할 수 있다. 그런데 아쉽게도 요즘 아이들에게 "관심 있는 것과 잘하고 싶은 것이 뭐니?"라고 물으면 대부분 "잘 모르겠어요"라고 답한다. 심지어 아예 생각조차 안 하려고 한다.

그래서 나는 수업에서 다양한 취미 활동을 직접 경험하게 하거나 아이들이 관심 있어 하는 영상을 보게 하고 내용을 발표하면서 관심을 표현하게 한다. 처음에는 없던 생각들이 하나씩 모이고 말로 표현하다 보니 '아, 저런 것도 있었구나'라는 생각을 하면서 조금씩 관심을 보인다. 이처럼 퍼스널 브랜딩 스피치는 생각을 정리해 실천하면서 잠재력을 깨우는 도구로서의 역할을 한다.

생각의 근육을 키워라

독일의 실존주의 철학자 마르틴 하이데거(Martin Heidegger)는 "글이 죽으면 말이 되고 말이 죽으면 생각이 된다"라고 했다. 결국 글이나 말은 생각에서 나온다는 뜻이다. 어디 말과 글뿐인가? 우리의 삶도 결국 생각에서부터 출발하는 건 당연하다.

그런데 요즘 사람들은 생각을 할 수 있는 시간이 점점 줄어들고 있다. 기계 문명의 발달로 일상이 기계화되어 편리함은 있으나 내가 기억하고 생각해야 될 영역까지 대신해버린다. 특히 SNS의 편리함은 생각하는 뇌의 전두엽을 움직이게 하기보다는 본능적인 행동을 먼저 하게 하는 후두엽에 자극을 주어 생각할 수 있는 능력을 빼앗아간다. 어느 날부터 아이나 어른 할 것 없이 스마트폰 사용이 급증하면서 우리의 여가 시간을 몽땅 빼앗아가고 있다.

그러나 아무리 기계 문명이 발달해도 인간은 생각을 통해 삶을 유지하게 된다. 한창 자라나는 우리 아이들은 더욱더 생각의 근육을 키워야 경쟁사회에서 살아남을 수 있게 된다. 끊임없이 생각하고 질문하는 아이들이야말로 창조적인 생각을 해낼 수 있는 존재다. 그런데 이 생각의 근육은 하루아침에 만들어지지 않으며, 어릴 때부터 작은 힘들을 꾸준히 키워나가야만 서서히 만들어진다.

꾸준한 힘을 만드는 방법은 좋은 습관에서 나온다. 매일 조금씩이라도 책 읽기, 나에게 맞는 운동하기, 타인 배려하기, 예쁜 말하기 등 다양하고 좋은 습관을 만들면 생각의 근육을 만들어갈 수 있다. 이처럼 건강하고 튼튼한 생각의 기초 위에 세워지는 것이 퍼스널 브랜딩 스피치다. 단순히 말만 잘해서는 타인을 감동시키거나 진솔함이 전해지지 않기 때문이다.

· · ·
어휘력이 부족해도
연습하면 된다

어휘력은 스피치의 기본

어휘력의 사전적 정의는 '어휘를 마음대로 부리어 쓸 수 있는 능력'이다. 표현의 풍부함을 위해 많은 자료를 보유하고 있다는 의미이며 문장을 이루는 단어에 색채나 감각을 넣어 표현하는 것이다. 그래서 어휘력이 좋은 사람은 그만큼 풍부한 단어를 활용해 내가 하고자 하는 말의 내용을 효과적으로 전달할 수 있을 뿐만 아니라 듣는 사람이 빠르게 이해할 수 있도록 한다. 예를 들면 요리를 할 때 다양한 맛을 내는 재료와 양념, 조미료의 조합과 특색을 아는 것과 같다. 그래서 말에서의 어휘력은 중요한 역할을 한다.

학생부 수업을 하다 보면 "단어가 생각이 안 나요", "무슨 뜻인지 모르겠어요", "뭘 말해야 될지 모르겠어요"라는 말을 자주 듣는다. 그러다 보니 말도 글도 매끄럽지 못하고 어색한 표현이 되고 만다. 결국 어휘력이 부족하면 내가 하고자 하는 말이 전달되지 않고 상대 이야기의 뜻도 못 알아듣게 되어 자신감도 떨어질 수 있다. 이는 수업을 할 때도 마찬가지다. 선생님이 설명을 하는데 단어의 뜻이나 말의 흐름을 못 알아듣는다면 어떻게 되겠는가? 친구 사이에도 어휘의 수준 차이가 심하면 결국 어색한 관계가 될 수밖에 없다.

그런데 우리 아이들에게 좋은 방법은, 어휘력 공부를 따로 할 필요 없이 결국 가장 가까이 있는 가정에서 좋은 대화를 하는 것이다. 아이와의 대화를 소홀히 하지 않고 반응해주며 상황에 맞는 질문을 해준다면 자연스럽게 어휘력은 생길 수 있다. 아이들을 키우다 보면 가끔 엉뚱한 질문을 하기도 한다. "왜 사람은 다리로만 걸어 다녀요?", "왜 졸리면 하품을 하나요?", "똥 안 싸는 강아지는 없나요?" 하는 등 호기심이 많은 아이들일수록 질문도 많고 궁금증도 많다. 이럴 때 부모님들의 적절한 대답으로 이어지는 대화가 아이들의 어휘력을 키우는 데 도움이 된다.

어휘력은 한자 공부가 도움이 된다

한자는 하나의 문자가 하나의 추상적 개념과 대응되는 표의문자다. 한자는 획 하나에 따라 의미도 달라지고 서로 어떻게 조합을 하느냐에 따라서도 뜻이 달라지는 신기함도 있다. 나 역시 한자에 매력을 느껴 꾸준히 공부한 덕분에 어휘력 향상에 많은 도움을 받을 수 있었다. 또한 우리가 쓰는 글자와 언어도 뜻글자이기 때문에 한자 공부가 많은 영향력을 미칠 수 있다.

그래서 요즘은 초등학교 저학년부터 한자 공부에 관심을 갖고 꾸준한 노력을 하는데 이때 뜻이 비슷한 한자를 연결시켜 대화도 해보고 이야기를 만들어보는 것도 좋은 방법이다. 예를 들면 "나무 목(木)은 나무라는 뜻이고 이를 두 개 붙여서 수풀 림(林)이 된다"로 이어진다. 나무가 모이면 숲이 된다는 뜻이다. "사람 인(人)도 사람은 서로 의지하라는 뜻으로 서로 획이 기대는 글자다"라고 이야기를 나누다 보면 자연스럽게 이야기가 연결될 수 있다. 부를 호(呼)도 입 구(口)에 어조사 호(乎)를 붙이면 입에서 소리가 나가는 모습으로 이야기를 할 수 있다.

간단하면서도 획이 적은 글자, 숫자나 주변에서 흔히 쓰는 글자로 시작해서 단어를 만들고 이를 사자성어로까지 이어지게 한다면 자연스럽게 어휘력으로 이어질 수 있다. 사자성어는 글자 네 개를 붙여서 의미를 전달하는 것인데 짧은 글 속에 다양한 의미를 담고 있어서 멋지게 말하는 데 도움이 된다. 예를 들면 일사천리(一瀉千里)는 어떤 일이 빠르게 진행될 때 사용한다. 아이들에게 심부름을 시키거나 목표를 세워서 차분하고 빠르게 처리할 때 활용하면 어울린다. 작심삼일(作心三日)은 계획을 세워놓고 실천하지 못할 때 쓰는 사자성어다. 반신반의(半信半疑)는 확실하게 믿어지지 않을 때 쓰면 어울리는 사자성어다. 예를 들면 아이들이 큰맘 먹고 자신의 변화를 얘기할 때 부모는 아이의 성향을 누구보다 잘 알기 때문에 반신반의하게 된다. 이처럼 아이들과 사자성어를 활용한 대화를 하다 보면 어휘력도 생기고 흥미 있는 공부도 할 수 있다. 요즘은 사자성어로 일기도 쓰고 대화도 나누는데, 이 또한 좋은 방법이라고 생각한다.

또 다른 방법, 문해력 익히기

우리나라 사람들의 문맹률은 전 세계에서 가장 낮은 수준이다. 글을 읽지 못하는 사람이 불과 1% 미만이라는 통계를 보면 글을 못 읽는 사람은 극소수라는 것을 알 수 있다. 하지만 문해력은 OECD 국가 중에 최하위를 차지하는데, 실제로는 내용 파악이 되지 않는 경우가 75%나 된다고 한다.

예를 들어 병원에서 진료를 받을 때도 의사 선생님의 말에 고개를 끄덕이지만 다소 어려운 의학 용어들이 이해가 되지 않고 집에 돌아와서는 정작 무슨 말을 했는지 기억도 안 난다. 특히 수업에서 선생님이 조금만 어려운 단어를 섞어서 설명을 하면 학생들이 이해하지 못한다는 것을 얼마 전 〈당신의 문해력 플러스〉라는 EBS 방송을 통해 본 적이 있다. 영어 시간에도 영어 단어는 아는데 정작 그 단어가 우리나라 말로 무엇인지 모르는 학생들이 많다는 보고가 심심치 않게 들린다.

그래서 많은 학자들이나 선생님들이 연구를 하는데 이를 해결하는 방법이 바로 독서라고 한다. 독서의 중요성은 글자를 쓰는 사람이라면 누구나 알지만 요즘처럼 영상이 발달해 쉽고 빠른 것을 선호하는 시대에는 독서를 하는 것이 쉽지 않다. 특히 부모님이 먼저 책을 읽을 수 있는 환경을 만들어주고 행동으로 보여줘도 아이들은 스마트폰이나 컴퓨터랑 친한데 하물며 그냥 방치한다면 어떤 현상이 벌어질지는 자명한 일이다. 앞서 말한 것처럼 한 달에 한 권도 책을 읽지 않으니 글자 해독 능력이 떨어지고 문해력 수준 또한 따라가지 못하는 것이다. 영상은 청각과 시각을 동시에 자극하지만 휘발성이 강하다. 하지만 독서는 글자를 통해 생각하는 과정을 거치기에 이해가 되지 않으면 의미가 없어지므로 글자를 해독하는 능력은 매우 중요하다.

《문해력 수업》(전병규 저, RHK, 2021)이라는 책을 보면 이런 내용이 나온다. "문해력이 부족하면 특정 책의 내용을 아무리 설명해주어도 다른 책을 이용하는 데 도움이 되지 않는다. 어떤 책의 내용을 아는 것이 아니라 어떠한 책이라도 읽어낼 수 있는 능력을 기르는 것이 문해력이다." 이처럼 책을 읽고 의미를 파악하는 것이 중요함을 강조한다. 그러면서 문해력을 키우는 최고의 방법으로 지도적 읽기와 독립적 읽기를 언급한다. 지도적 읽기는 부모나 교사의 도움으로 읽고 이해하는 방법이며 독립적 읽기는 도움 없이 스스로 독서를 하는 것으로 적절한 조화를 갖는 것이 필요함을 이야기한다. 결국 책은 아이 스스로 읽지만 문해력의 부족한 점은 교사나 부모가 지도해줘야 한다. 그리고 아이는 이렇게 배운 읽기를 스스로에게 적용해야 문해력도 키워지고 이를 바탕으로 어휘력도 성장시킬 수 있다.

연습만이 살 길이다

지금까지 어휘력, 한자 공부, 문해력의 중요성을 이야기했지만 또 다른 부분에서 연습을 통해 극복하는 방법도 있다. 물론 충분한 독서와 한자 공부로 기초 공사를 튼튼히 하면 금상첨화일 수 있다.

내가 만난 현주는 어휘력이 많이 부족한 아이였다. 초등학교 고학년이었지만 맞춤법도 자주 틀리고 독서도 좋아하지 않는 아이였다. 점점 학년이 올라가고 곧 중학생이 되니 엄마가 뒤늦게 심각성을 깨닫게 되어 스피치 교육을 받으러 온 경우였다. 게다가 발음까지도 어눌해서 친구들과 어울릴 때 자신감이 없었다.

나는 현주와 처음 수업을 시작할 때 문장이 길지 않은 책부터 소리 내서 읽게 했다. 소리 내서 단문 읽기를 했는데 다행히 연습을 힘들어하지 않고 따라왔다. 발음을 분명하게 하려고 교정기도 활용했고, 서두르지 않고 눈높이를 맞추었으며, 맞춤법에 맞게 글을 쓰는 수업을 했다. 책을 읽다 어려운 단어가 나오면 멈추고 묻기를 반복했다. 모르는 단어가 많아 어려워했지만 '우공이산(愚公移山)'이란 말처럼 우직하게 꾸준히 연습한 결과 지금은 학교 수업 시간에 발표를 하는 것은 물론 학급 반장으로 출마할 정도로 발전했다. 불과 1년 만에 이룬 결과였다.

물론 아이들에 따라 이 수업의 효과가 금방 나타날 수도 있고 길어질 수도 있으나 어휘력은 다양한 방법으로 익힐 수 있다. 하지만 직접 말을 해가면서 하는 것이 가장 좋은 방법이 될 수 있다. 그리고 무엇보다 아이들 수준에 맞는 어휘를 쓰는 것도 적절한 방법이다. 너무 어린아이에게 어려운 어휘를 쓰게 한다면 어른들의 모습을 흉내내는, 어울리지 않는 어휘가 될 수 있으니 너무 조급하게 서두를 필요는 없다. 어휘력은 하루아침에 이루어지는 것은 아니므로 늘 꾸준한 관심과 노력이 필요하다.

$\cdots$

경험을 말로
표현하라

스피치는 경험에서 나온다

발표를 할 때는 다양한 주제가 스피치 소재로 쓰인다, 이때는 자신의 경험이 소재가 되고 이를 리얼하게 표현할 때 비로소 실감나는 자신만의 이야기가 완성된다. 과학 실험, 스포츠 참여 활동, 음악 연주 등 다양한 경험들은 말로 표현하기 쉬운 요소이며, 이러한 경험을 잘 정리하면 좋은 에피소드가 된다. 다음은 2020 과학 연구 분야의 여드름 억제 실험 사례 발표회에 대한 소감을 쓴 글이다.

우리가 생활 속에서 많이 접하고 또 많이 보는 것들을 소재로 하여 평소 우리가 불편한 점에 관해 여러 실험들을 진행해서 더 흥미로웠고 여드름 균 억제 실험에서 우리 주변의 생물들로부터 많은 것을 얻을 수 있다는 것도 신기했다. 이런 것들을 참고하고 내년 실험에도 쭉 이어서 참여하고 싶다.

- 정윤서

불편한 점을 찾아 이를 보완하기 위한 노력이 담겼다는 점이 가장 인상 깊었는데 긴 시간을 들여 여드름을 억제하는 실험이 확실히 전달되었다. 여드름으로 인해 스트레스 받는 친구들이 셀 수 없을 만큼 많고 초등학교 고학년 때부터 친구들의 고민을 들어왔다. 그런데 이를 억제하기 위한 실험 과정이라는 게 참 뜻깊어 보였다. 어떻게 보면 누구나 생각해낼 수 있다고 여길 수 있지만 사람들은 불편한 기회가 왔을 때는 깨닫지 못한다. 그런데 여드름에 대한 스트레스를 콕 집었다는 점부터 신기했던 것 같다.

- 김예은

이는 여드름 억제제를 만드는 실험 과정을 통해 학생들의 경험을 발표한 에피소드로 좋은 사례가 되었다. 스포츠 활동을 했던 경험을 사례로 발표한 승주의 이야기도 있다.

주말에 아빠와 야구장엘 갔다. 아빠와 나는 LG팀을 응원했다. LG팀의 선수들과 같은 옷을 입고 응원봉을 들고 율동도 따라 하고 노래도 불렀다. LG팀 선수들의 안타나 홈런이 나올 때면 응원석은 환호성이 울려 퍼졌다. 야구는 투수가 던진 볼을 타자가 쳐서 상대편 선수가 잡으면 아웃이지만 볼을 놓치거나 못 잡으면 안타가 되고 펜스를 넘기면 홈런이 된다. 한 팀당 아홉 명으로 구성되어 양 팀이 합쳐서 열여덟 명이 경기를 한다. 포지션은 투수, 포수, 1루수, 2루수, 3루수, 유격수, 좌익수, 중견수, 우익수로 구성되어 있다. 세 명의 타자가 아웃되면 공격과 수비가 바뀌게 되는 게임이다. 점수는 홈에서 시작해 1·2·3루를 모두 찍고 다시 홈으로 들어오면 된다. 야구 경기는 진행 시간이 정확하지 않다. 9이닝이 모두 끝나는 시간에 경기가 끝나기 때문이다. 나는 아빠와 야구장에 갈 때 가장 신난다.

- 이승주

음악 연주 활동을 했던 하은이도 자신의 경험을 사례로 발표했다.

나는 우리나라 전통 악기인 가야금을 배우고 있다. 가야금은 초등학교 3학년 때부터 시작해서 2년 정도 배우고 있는데 재미있다. 하지만 가야금 연습이 쉬운 것은 아니다. 책상다리를 하고 앉아서 연습을 하면 허리와 골반이 아프고 손가락은 피멍이 든다. 하지만 가야금의 청아한 소리가 들릴 때는 기분이 좋아진다. 가야금은 옛날에는 12현으로 이루어진 악기로 연주를 했지만 요즘은 개량 악기로 25현 가야금이 나와 다양한 음으로 연주할 수 있다. 또한 가야금은 혼자 독주를 할 수도 있고 여럿이 합주도 한다. 특히 노래를 부르면서 연주하는 것을 가야금 병창이라고 한다.

가야금 연주가 좋은 이유는 집중력을 키우고 다른 사람의 연주를 들으면서 배려하는 마음도 배울 수 있다는 점 때문이다. 이번에도 가야금을 좋아하는 사람들이 모여 작은 음악회를 열었는데 많은 청중이 모여 응원의 박수를 보내주어 기분 좋은 연주를 할 수 있었다.

- 박하은

이처럼 경험을 말로 표현하면 스피치의 좋은 소재가 될 뿐만 아니라 자신의 활동에 자부심과 자신감도 느낄 수 있다.

다양한 경험에 도전하라

한 달에 한 번은 경험하기 수업을 진행한다. 예를 들면 볼링, 탁구, 자전거 타기, 5킬로미터 마라톤 대회 참여하기, 박물관이나 미술관 가기, 영화 보기 등 다양한 경험에 도전한다. 처음에는 힘든 경험들이지만 친구들과 알아가는 시간도 되고 무엇보다 스피치를 하기에 좋은 소재도 된다.

볼링장에 다녀와서는 "볼링 핀이 열 개라는 것을 처음 알았어요"라고 말하는 친구도 있었다. 그리고 "1번 핀 가운데로 공을 보내는 것이 아니라 1번 핀과 2번 핀 중간쯤으로 공이 힘차게 굴러갈 때 모든 핀이 넘어지는 스트라이크가 나와 높은 점수를 받게 된다는 것도 알게 됐어요" 하며 즐거워했다. 그리고 볼링을 할 때 다양한 규칙이 있는데 옆 레인에 다른 사람이 플레이를 하면 잠시 기다렸다가 그 사람이 내려온 다음에 플레이를 해야 하고 또한 파울선을 밟는 것도 규칙에 어긋나며 공을 쿵 소리가 나게 던지지 말고 부드럽게 굴려야 한다는 것도 알게 되었다고 했다.

　탁구를 칠 때도 상대를 배려하면서 운동을 해야 한다. 공이 바닥에 떨어지면 얼른 주워서 게임을 다시 시작해야 하고 상대방이 멋진 플레이를 하면 칭찬을 해준다. 복식 경기를 할 때는 팀원끼리 호흡을 맞추면서 게임을 해야 한다. 박물관, 미술관, 영화관을 갈 때도 메모지를 챙겨가서 기록을 하며 작품을 보고 느낀 점을 발표하면서 연습을 한다. 이처럼 다양한 경험은 스피치의 소재가 된다.

일기를 쓰는 것도 좋다

　하루에 일어났던 소소한 일상을 돌아보며 의미를 일기로 써보면 스피치 소재가 된다. 오늘 만난 사람과의 대화에서나 일상의 언어들 속에도 느낌이나 감정을 찾아낸다면 빛나는 무엇인가를 발견하게 된다. 예은이는 일기를 꼼꼼하게 잘 쓰는 학생인데 자세히 살펴보는 것을 좋아한다. 예를 들면 가족들과 산책을 할 때도 주변 사람들의 의상이나 주인을 따라 나온 강아지의 생김새, 크기를 살펴보면서 일기 쓰기 소재로 삼고 이를 바탕으로 스피치 수업에서 발표도 한다. 그러다 보니 다양한 이야기가 나와 예은이의 발표는 늘 새로움을 느끼게 한다.

이는 비단 학생들뿐만 아니라 모든 사람에게도 해당된다. 발표 소재가 없는 것이 아니라 우리가 깊고 자세히 보는 능력이 부족해서 일기를 쓸 소재도 말을 할 때의 다양한 스토리도 못 찾게 되는 것이다. 나의 일상의 소중한 경험을 일기로 쓰고 때로는 말로 표현하는 능력을 키우는 것은 나의 삶을 의미 있게 만드는 또 다른 방법이 될 수 있다.

비언어를 활용하면
자연스러운 말하기가 된다

언어를 빛나게 해주는 비언어

심리학자이자 스피치학자인 앨버트 메라비언(Albert Mehrabian)은 한 사람이 상대방으로부터 받는 이미지는 시각이 55%, 청각이 38%, 언어가 7%에 이른다고 했다. 이것이 바로 '메라비언의 법칙(The Law of Mehrabian)'이다. 여기서 언어는 말의 내용을 일컫는다. 어쩌면 일반적으로 가장 중요하게 여겼던 말의 내용은 겨우 7%의 효과만 작용한다는 것을 알 수 있다.

실제로 아이들과 수업을 해봐도 이는 분명히 드러난다. 아이들에게 발표를 시켜보면 경험이 부족할 때 연단에 올라가 표정이 굳어 있고 똑바로 서는 것을 어색해하며 자신감이 없는 모습을 보인다. 그러다 보니 몸을 꼬거나 머리를 만지고 다리도 짝다리로 엉거

주춤 서서 빨리 연단에서 내려오려고만 한다. 내용을 아무리 많이 준비했어도 발표가 어려운 아이는 주목받는 것 자체가 부담스러워 몸동작을 어찌해야 할지 모르는 것이다. 얼굴은 빨개지고 긴장한 나머지 울음을 터트리는 아이도 있다.

발표를 잘하기 위한 첫 번째 관문은 연단에서 표정의 여유를 갖고 바른 자세를 유지하는 것이다. 늘 교실에서 수업을 같이 하고 쉬는 시간에는 함께 뛰어 놀고 장난치는 데는 아무 문제가 없는데 왜 발표를 위해 연단에만 서면 달라지는 걸까? 가장 큰 이유는 경험이 없기 때문이다. 아직도 우리 교육은 선생님의 주도하에 수업이 진행되고 아이들 스스로가 발표를 하는 경험이 부족하다 보니 이런 현상이 나타난다.

얼마 전에 수업을 시작한 명서는 동생이 둘 있는, 성격이 밝은 아이다. 평소에 집에서 동생들과도 잘 놀고 친구들과 잘 지내며 사교성도 좋은 아이인데 학교 가는 것을 즐거워하지 않았다. 걱정이 된 엄마가 이유를 물으니 "선생님께서 발표를 자주 시키는데 그 시간만 되면 너무 떨리고 긴장돼서 어디론가 도망을 가고 싶어요"라고 했다. 그래서 학교에 가기 싫다고 말한다.

수업을 진행하다 보니 개인 코칭에서는 너무 즐겁게 수업을 잘 따라오고 독서도 다른 아이들에 비해 꾸준하게 많은 양을 소화하고 있어 칭찬을 해주었다. 그런데 기본 과정을 마치고 그룹 수업으로 다음 진도를 나가야 하는데 매우 긴장하는 모습을 보였다. "선생님, 저 그룹 수업은 안 들어가도 될까요? 너무 긴장돼서 힘들어요." 정말 걱정이 많은 모습이었다. 이를 극복하기 위해 처음에는 발표할 내용을 만들어서 읽게 했다. 긴장감으로 몇 번을 더듬거리기는 했지만 점점 나아지는 모습을 보였다. 다음으로는 비언어 요소를 간단하게 설명해주었다. 코로나19로 인해 마스크로 얼굴이 가려져 표정을 볼 수 없지만 눈빛이 표정에 나타났다. 또한 자세도 바르지 못하고 어색하니까 자꾸 머리를 만졌다. 시선은 청중을 골고루 봐야 하는데 바닥을 보고 말했다. 목소리도 천천히 또박또박 말하고 강약도 넣어 리듬을 타며 멈춤을 활용해 듣는 사람의 집중력도 모아야 하지만 여전히 어려웠다.

그래서 자신 없는 모습을 교정하기 위해 연단에서의 모든 행동을 영상으로 찍어 셀프 피드백(Self Feedback)을 했다. 셀프 피드백은 녹화된 자신의 모습을 보면서 스스로 장단점을 찾아 교정하는 과정이다. 처음에는 부끄러워했지만 여러 번 연습을 통해 변화되어갔다. 언어를 빛나게 하려면 비언어를 잘 활용해야 한다. 그리하면 자신감도 생기고 자연스러운 말하기도 된다. 명서가 연습한 기간은 불과 한 달에 불과했지만 바른 자세와 당당한 모습으로 발표를 하게 되었다.

눈 맞춤의 중요성

아이들은 커가면서 엄마, 아빠, 주변 사람들 또는 사물들을 바라보면서 눈 맞춤(Eye Contact)을 한다. 눈 맞춤을 중요하게 여기는 이유는 눈 맞춤이 사회적인 활동뿐만 아니라 사람들과의 소통에도 필요한 요소이기 때문이다.

어릴 때에 무엇을 보여주거나 소리가 나면 그것을 보고 웃거나 찡그리며 감정을 표현한다. 언어가 발달되지 않을 때에도 어느 정도의 의사 표현을 눈 맞춤으로 하게 된다. 그래서 언어적인 발달이 늦어질 경우 주위가 산만하고 눈 맞춤을 잘하지 못할 수 있으므로 전문가의 상담이 필요할 수도 있다. 대화를 할 때도 상대방과 눈 맞춤이 안 되면 집중을 못하게 되어 전달력이 떨어진다. 아이들이 잘못을 하면 엄마의 눈을 똑바로 보지 못하고 시선을 피하고 말도 얼버무린다. 눈 맞춤은 자신감이며 이는 언어와 무관하지 않다.

어른들도 대중 앞에서 말을 할 때 가장 큰 공포가 청중의 시선이 집중되는 것이라고 한다. 한번은 게임을 매우 좋아하는 청년을 코칭한 적이 있다. 이 청년은 거의 매일 게임을 하면서 하루를 보내다 부모님의 권유로 맞선을 보게 되었다. 그런데 처음 만난 상대와 대화를 하는데 눈을 마주보고 말을 할 수 없었다. 어릴 때부터 습관적으로 눈 맞춤을 하지 않았던 것이 성인이 된 지금까지 이어진 것이다. 상대방과 눈을 마주치지 않고 대화를 하다 보니 믿음이 안 생기고 겉도는 얘기만 하다 결국 사람들과의 만남은 오래 유지

되지 못했다. 이런 경우가 반복되어 수업을 받으러 왔는데 상담을 하는 중에도 그의 시선은 바닥만을 주시하고 있었다. "언제부터 눈 맞춤이 힘들었나요?"라고 물었더니 "아주 어릴 때부터 저는 누구와 눈을 맞춰본 적이 별로 없어요"라고 했다. 청년이 된 지금이라도 눈 맞춤 연습을 해서 상대와 소통하는 도구로써 활용하고 싶어 했다. 언어보다 더 많은 내용을 상대에게 전할 수 있는 눈 맞춤은 어릴 때부터 만들어가는 것이 좋다. 그래서 미국의 시인 랠프 월도 에머슨(Ralph Waldo Emerson)은 "눈은 혀보다 더 많은 말을 한다"라는 멋진 말을 남겼나 보다.

목소리에 드러나는 자신감

자신감이 있는 사람의 목소리는 발음도 분명하고 강약이 적절하게 들어가서 듣기가 편하다. 특히 멈춤도 잘 활용하고 적당한 곳에 악센트를 주어 무엇을 강조하는지 알 수 있다. 지구상에는 약 80억 명의 사람들이 살고 있다. 그런데 신기하게도 목소리가 같은 사람은 한 사람도 없다. 그만큼 목소리는 각자 개성이 있고 다른 것이다. 우리는 목소리를 통해서 내 생각을 말하고 상대의 이야기도 듣는다. 몸이 아프거나 기분이 우울하면 목소리에 나타나며, 반면 기분이 좋을 때도 어김없이 목소리에 나타나 기분 좋은 것을 숨길 수가 없다.

스피치 수업을 오는 아이들의 대부분은 목소리가 작고 분명하지 않은 발음을 하는 경우가 많다. 말을 할 때도 자신감이 없고 의사 전달도 잘되지 않는다. 그런데 타고난 음성은 변하지 않아도 음량은 조절이 가능하다. 힘이 없고 발음이 분명하지 않아도 연습으로 자신감을 갖게 할 수 있다. 현하는 또래보다 키도 작고 몸집도 왜소한 아이다. 거기다 'ㄹ' 발음이 잘되지 않아서 말을 하면 상대방으로부터 "뭐라고?", "잘 안 들려", "다시 말해줄래?" 같은 소리를 자주 들었다. 그러니 자신감도 없고 자존감도 많이 떨어져 있었다.

나는 현하를 가르치면서 아주 기초적인 연습부터 시작했다. 우리나라 자음·모음부터 한자씩 또박또박 소리 내며 읽게 했다. 그리고 짧은 단어부터 긴 단어를 연결해 문장으로 이어가는 연습을 꾸준히 했다. 처음에는 어색했지만 점점 좋아지는 모습을 스스로 느끼면서 자신감이 생기기 시작했다. 첫 수업부터 발음을 녹음했고 변화해 가는 목소리를 들려줬더니 자신이 듣기에도 바뀌어가는 것이 신기하다면서 열심히 노력했다. 목소리에 힘이 생기니 자신감도 늘어 이제는 친구들과도 잘 어울린다.

"발표 시간만 되면 얼굴이 빨개져요"

공부도 잘하고 운동도 좋아하는, 적극적인 성격을 가진 아이라도 발표 시간만 되면 긴장하고 얼굴이 빨개지는 경우가 있다. 얼굴이 빨개지면 말도 더듬게 되고 생각도 잘 안 나서 힘들어하는데 이럴 때는 당장 어딘가에라도 숨고 싶어진다. 얼굴이 빨개지는 안면홍조는 얼굴이나 목, 상체에 뜨겁게 달아오르는 열감이 느껴지면서 피부가 붉어지는 현상인데 심할 경우 약물 치료를 진행할 수 있다. 하지만 발표할 때의 홍조현상은 조금 다를 수 있으며 이를 해결하는 방법은 내가 먼저 발표를 해보는 것이다. 언제 차례가 돌아올지 몰라 불안해하면 긴장돼서 얼굴이 빨개질 수 있으니 내용을 미리 준비하고 발표하면 훨씬 가벼운 마음을 가질 수 있다.

아이들과 수업을 진행하면서 자신의 차례가 오는 걸 두려워하는 아이들에게 먼저 발표 기회를 주니 잘 적응하는 것을 볼 수 있었다. 누구나 긴장하거나 다른 사람의 시선이 집중되면 마음은 콩닥거리고 얼굴이 빨개질 수 있다. 그러니 내가 먼저 발표를 하는 습관을 갖는다면 마음의 안정감도 갖게 되고 얼굴이 빨개지는 것도 극복할 수 있을 것이다.

언어 능력이
학습 능력을 키운다

언어 능력은 말과 글을 바르게 이해하고 정보나 자신의 의사를 정확하게 표현할 수 있는 능력이다. 읽기 능력과 이해 능력이 뛰어난 아이들이 머리도 좋고 응용 능력도 앞서기에 언어 능력도 탁월하다. 언어 능력이 좋으면 사고력과 판단력도 자연스럽게 향상된다. 그래서 언어 능력은 학문을 수행하는 핵심이 된다. 이에 따른 수학 능력은 복잡한 논리의 글을 이해하고 입체적으로 생각하는 개념이 되기도 하는데 이 또한 언어 능력이 바탕이 되어야 한다.

말로 하는 공부법, 하브루타

하브루타(Havruta)는 나이, 성별, 계급에 관계없이 두 명이 짝을 지어 서로 논쟁을 통해 진리를 찾는 것을 의미한다. 유대인들이 그들의 경전인《탈무드》를 공부할 때 사용하는 방법이었지만 이스라엘 민족은 모든 교육과정에 이 방법을 사용해 좋은 성과를 거두고 있다. 하브루타는 궁금증을 느낄 때 질문할 수 있는 환경을 조성하고 스스로 답을 찾을 수 있도록 토론하는 방법이다.

하브루타의 장점은 문제를 다양한 시각과 견해로 말을 하면서 넓혀갈 수 있다는 것이다. 이스라엘 격언에 "두 사람이 모이면 세 가지 의견이 나온다"라는 말이 있는데 의견을 주고받음으로써 다양한 생각을 창조할 수 있다는 의미다.

TV에 나왔던 내용인데 하브루타 공부 방법의 효과를 검증하기 위해 무작위로 두 그룹을 만들었다. 한 그룹은 조용히 공부하면서 중요한 부분에 밑줄을 긋고 암기하는 방법을 선택했고 다른 그룹은 둘씩 짝을 지어 서로 설명을 하면서 공부를 했다. 결과를 보니 후자 쪽이 단답형, 수능형, 서술형 문제에서 모두 두 배 가까이 높은 점수가 나왔다. 말로 하는 공부는 내가 알고 있는 것과 모르는 것을 분명히 드러나게 하며 모르는 부분에서 좀 더 집중적으로 공부를 하게 해 성적을 오르게 하는 것이다.

인지의 사전적 정의는 '어떤 사실을 인정하여 앎'이다. 공부할 때도 그렇지만 우리가 평소에 사물을 보거나 다양한 경험을 하면서 아는 것을 인지라고 하는 것이다. 그런데 안다고 생각한 것을 설명하려면 잘되지 않을 때가 있는데 이는 메타인지가 되지 않기 때문이다. 메타인지는 사물을 객관적으로 바라보는 능력이 있어야 가능하며 내가 알고 있는 지식의 원인과 결과까지도 분명하게 정리될 수 있다. 정리된 지식을 설명할 수 있어야 메타인지가 이루어진 것인데, 공부할 때도 마찬가지로 내가 아는 것은 설명을 할 수 있지만 모르는 것은 설명할 수 없다. 그러므로 모르는 부분을 공부하면 성적을 향상시킬 수 있다는 것이다.

미국의 행동과학연구소(National Training Laboratories)에서 말하기 학습의 효율성을 알아보기 위해 실험한 결과를 보면, 공부를 한 후 24시간이 지나 기억에 남는 정도가 듣기 5%, 읽기 10%, 시청각 수업 듣기 20%에 비해 서로 설명하기는 90%인 것을 알 수 있다. 이처럼 말하기 공부 하브루타는 메타인지화가 될 때 학습 능력을 향상시킨다.

핵심 파악을 잘하면 질문도 잘할 수 있다

학습에 있어 핵심 파악을 잘하는 것은 매우 중요하다. 노력해도 성적이 오르지 않는 이유는 중요한 핵심을 놓치기 때문이다. 핵심을 잘 파악하는 방법에는 어떤 것들이 있을까?

핵심을 파악하는 방법

- 수업 시간에 메모하면서 요점 정리를 한다. 이때 선생님의 말을

다 적지 말고 중심 키워드인 단어로 메모를 하면 효과적이다.

- 자신이 중요하다고 생각하는 부분에 밑줄을 쳐본다. 책을 볼 때도 공감되는 부분이 생기면 체크를 하게 되는데 이는 수업 중에 활용해도 좋다.
- 밑줄 친 내용이 왜 중요한지 정리해 말과 글로 표현한다. 이렇게 하면 스스로 생각하는 자기주도학습도 가능하다.
- 내가 공부한 내용을 바탕으로 질문을 만들어본다. 핵심 파악이 된 상태에서는 좋은 질문도 만들 수 있고 지식도 넓힐 수 있다. 핵심 파악이 잘되면 질문을 통해 학습 능력을 향상시킬 뿐만 아니라 교우관계도 원만하게 할 수 있다. 수업 시간에 질문을 잘하는 아이는 집중력도 있고 상대방이 하는 말을 잘 경청한다고 볼 수 있다. 질문도 스피치에 있어 빼놓을 수 없는, 매우 중요한 말하기다.

은주는 친구들 중에 유독 질문을 잘하는 아이다. 스피치 수업을 할 때도 궁금증이 생기면 메모를 통해 핵심 정리를 잘한다. 타이밍을 봐서 자신의 생각을 적절히 표현하는데 가끔은 엉뚱한 질문을 하기도 한다. 하지만 상황 파악을 잘해서 이 질문을 왜 하는지 이유를 밝힌다. 그러니 말의 흐름이 끊기지 않고 자연스럽게 이어져 원래의 말하기로 돌아올 수 있다.

때로는 선생님이나 친구들로부터 질문을 받을 때도 말의 핵심을 잘 파악해 센스 있는 답변을 한다. 상대가 묻는 말의 의도를 생각하면서 재치 있는 답변을 하니 친구들과 소통도 잘돼서 교우관계도 아주 좋다. 하지만 은주는 처음부터 이렇게 질문도 잘하고 상대방 말에 집중했던 것은 아니다. 질문 만들기 수업을 하면서 중요성을 깨닫고 꾸준히 노력해서 얻어진 결과다.

다양한 질문을 만드는 연습을 위해 "왜(Why)?"를 자주 말해보자. 예컨대 일상 속에서 "시간은 왜 생겼을까?", "사람은 왜 병에 걸릴까?", "왜 집중이 안 될까?", "왜 시간이 빠르게 갈까?", "맛있는 음식을 보기만 해도 왜 침이 생길까?" 등 궁금증이 생기면 질문은 무궁무진하게 만들 수 있다. 이 같은 질문을 통해 공부의 핵심을 파악하고 사물을 깊게 보는 능력이 길러지면 학습 능력도 상승된다.

언어 능력이 성적을 결정한다

《공부머리 독서법》(최승필 저, 책구루, 2018)의 최승필 저자는 "언어 능력이 곧 학습 능력이다"라고 했다. 그는 "언어 능력이 높아도 성적이 떨어지는 아이는 간혹 있어도 언어 능력이 낮은데 학습 능력이 높은 아이는 없다"라고 했다. 언어 능력을 높이려면 독서가 기본이 되어야 하고 자신의 언어 능력에 맞는 책을 골라서 독서를 하게 되면 재미도 있고 꾸준히 읽게 된다. 하지만 자신의 언어 능력보다 높은 수준의 책을 읽게 되면 지루하고 책과 멀어지게 된다.

책을 읽지 못하면 결국 생각하는 능력이 떨어져 교과서도 이해하기 힘들어지고 성적에도 영향을 준다.

내가 하는 1:1 스피치 수업은 책을 읽고 내용을 자신의 언어로 표현하는 연습부터 시작하는데 책 내용이 이해가 되지 않으면 언어로 표현하는 것은 당연히 어렵다. 언어 능력은 말과 글의 의미를 이해하고 이를 자신의 말로 표현하는 능력이다. 헬싱키대학교(University of Helsinki) 수비 스톨트(Suvi Stolt) 교수 연구팀에 의하면 언어 이해력이 낮은 아이는 언어 발달이 지연되고 이는 표현력을 떨어뜨려 학습 능력에도 밀접한 관련이 있다고 한다(S Stolt, L Haataja, H Lapinleimu, L Lehtonen, "Associations between lexicon and grammar at the end of the second year in Finnish children", 〈Journal of Child Language〉 36(4):779-806).

언어 이해력 측정을 위해 도널드 햄밀(Donald Hammill)과 필리스 뉴커머(Phyllis Newcomer)가 1988년에 개발한 언어 개발 테스트 TOLD-2(Test of Language Development-2 Primary) 문항을 기초로 우리나라 실정에 맞게 제작한 이해력 검사 도구를 사용했다. 또한 표현력 측정을 위해서는 언어 능력 진단 검사인 '일리노이 심리언어능력 시험(Ilinois Test of Psycholin guistic Ablities)'을 기초로 조경미(1984)가 제작한 언어 표현력을 발췌해 검사해서 이해력과 언어력이 연관 있음을 입증했다. 결국 언어 능력이 뛰어난 아이는 이해력이 바탕이 되어 학습 능력도 뛰어남을 알 수 있었다.

끝까지 얼버무리지 않고
마무리하라

결론이 확실해야 상대방의 기억에 남는다

마무리가 잘되는 것의 가장 큰 효과는 핵심을 전달할 수 있게 되는 것이다. 누구에게 무엇을 어떻게 전달할 것인가를 알게 되면 마무리가 정확해지기 때문이다. 스피치의 기본은 들어가는 말, 펼치는 말, 마무리 말로 이루어진다. 이 세 가지는 말에 있어 기본 요소로 작용하게 되지만 그중에 마무리가 가장 중요하다고 할 수 있다. 서론과 본론에서 조금 아쉽게 말을 했어도 결론이 확실하면 기억에 남는 말하기가 된다.

상담을 하다 보면 "우리 아이가 마무리를 못하고 대충 얼버무리면서 말을 해요"라는 이야기를 종종 듣게 된다. 실제로 스피치 교육을 할 때도 "마무리가 어려워요"라는 말을 자주 듣는다. 그만큼 결론을 잘 만들어 끝내기가 어렵다는 것이다. 이렇게 끝까지 마무리를 못하고 얼버무리는 가장 큰 이유는 바로 자신감이 없기 때문이다. 말을 시작했지만 본인의 말에 확신이 없다 보니 말끝을 흐리게 된다. 또한 하고 싶은 말의 내용이 정리가 되지 않았거나, 발표를 하다가 실수를 했다거나, 스피치를 해본 경험이 별로 없을 때에도 자신감 없는 말하기를 하게 되고 이럴 때 마무리가 제대로 되지 않는다. 그러나 친구들과의 대화나 수업 시간의 발표, 토론, 학급회를 할 때도 마무리는 매우 중요하다. 마무리가 중요한 이유를 세 가지로 정리해 보면 이러하다.

마무리가 중요한 이유

- 전달력 있는 말하기를 할 수 있다. 마무리가 흐지부지하면 듣는 사람들은 '도대체 무슨 말을 하고 싶은 거야?'라는 의문을 갖게 된다.
- 기억에 남는 말하기를 할 수 있다. 마무리가 확실한 말하기는 짧은 말을 해도 오래도록 기억하게 한다.
- 좋은 이미지를 남길 수 있게 된다. 반장 선거를 하거나 의견을 발표할 때 '저 친구는 말을 잘해'라는 이미지가 남아 호감을 살 수 있게 된다.

마무리를 잘하게 하는 방법 다섯 가지

이처럼 같은 말을 해도 마무리는 중요한 역할을 한다. 그리고 마무리를 잘하는 것은 연습과 훈련으로 충분히 가능하다. 마무리를 잘하게 하는 말하기 방법 다섯 가지를 소개해 보고자 한다.

천천히 또박또박 말하기

말을 빠르게 하면 상대가 못 알아듣게 되고 "뭐라고?", "다시 말해봐" 같은 반문을 자꾸 듣게 되어 더 긴장하게 되고 흐지부지 말끝을 얼버무리게 된다. 따라서 속도를 조절하는 말하기를 잘해야 한다.

목소리 강약 적당히 하기

너무 큰 목소리나 너무 작은 목소리로 말을 하다 보면 마무리가 잘되지 않을 수 있다. 목소리 조절을 잘하면 확실히 의사 표현을 하는 효과를 느끼게 된다. 말은 내가 한 말보다 상대에게 들려지는 것이 중요하므로 강약을 잘 살려 마무리를 하자.

핵심 키워드 활용하기

본론에서 했던 말 중에 핵심 키워드를 정리해서 마무리로 활용하면 좋다. 핵심을 정리하는 말하기를 하면 끝까지 확실한 말하기가 되어 얼버무리지 않게 된다. 이때는 키워드를 중심으로 결론을 정리하면 된다.

녹음하고 들어보기

자신이 말한 것을 녹음을 해서 들어본다. 마무리가 되지 않으면 분명히 말끝에 자신감 없는 목소리가 들릴 것이다. 녹음은 발음·발성뿐만 아니라 말을 분명히 하는지 여부를 알 수 있게 한다.

책 낭독하기

마무리가 잘된 책을 큰 소리로 낭독한다. 소리 내서 읽는 연습은 발음을 분명히 하는 효과도 있고 마무리가 잘된 책 내용을 느끼게 해주는 경험이 될 것이다.

· · ·
발음과 발성이
정확한 것이 핵심이다

정확한 발음을 위해 조음기관을 풀어라

아이들이 학교에서의 발표를 어려워할 때 발음이 중요함을 알려주자. 발음은 언어를 표현할 때 조음기관을 이용해서 소리를 내는 것이다. 말을 할 때 발음이 정확해야 의사 전달이 가능하고 감정도 표현할 수 있다. 아무리 좋은 내용이 있더라도 그것을 잘못 발음하면 전혀 다른 말이 된다.

발음을 잘하려면 우선 말을 하기 전에 조음기관을 풀면 효과적이다. 조음기관은 혀, 입술, 턱, 입천장 등 말소리 산출에 관련된 여러 구조를 의미한다. 조음기관을 풀면 발음·발성에 도움이 되기에 소개해 본다.

조음기관 풀기 5단계

- 1단계: "오아" 소리를 내면서 입술을 위아래로 열 번씩 반복한다.
- 2단계: 혀로 "똑딱" 소리를 열 번 반복한다.
- 3단계: 입으로 소리를 내면서 "똑딱" 소리를 반복한다.
- 4단계: 입 안에 바람을 넣어 볼 근육을 빵빵하게 만들고 좌우, 아래위로 움직인다.
- 5단계: 입술에 힘을 빼고 푸르르 떤다.

이렇게 조음기관을 풀고 말을 하면 발표하기 전 스트레칭을 하는 효과가 있어 발음이 정확하게 되고 자신감도 생긴다.

복식호흡도 중요하다

호흡은 숨을 들이마시고 내뱉는 과정인데 이때 성대의 떨림을 통해 소리가 나오고 이 소리는 공명을 통해 밖으로 나온다. 우리가 평소에 쉬는 숨은 가슴까지 공기를 넣는 흉식호흡이고, 복식호흡은 의식적으로 배까지 호흡을 넣었다 뱉는 것을 말한다. 이러한 복식호흡은 스피치를 할 때 중요한 역할을 한다.

복식호흡을 하면 깊은 숨을 들이마시면서 긴장감이 완화되고 편안함을 느끼게 된다. 따라서 긴장 상태일 때 복식호흡을 하면 도움이 되는 것이다. 그리고 복식호흡은 목에서 나는 소리가 아닌 배에서 나오는 소리로 공명이 생겨 울림이 좋고 발음·발성에도 효과가 있다. 많은 말을 해도 성대를 다치지 않게 하며 듣는 사람도 편안함을 느낀다. 복식호흡의 방법을 정리하면 다음과 같다.

발음·발성에 도움을 주는 복식호흡 방법

- 1단계: 편안하게 의자에 앉아서 양손을 배에 대고 코로 천천히 8~10초 정도 숨을 들이마신다.
- 2단계: 호흡이 들어오면 배가 불룩 나오는 것을 느끼면서 4초 동안 호흡을 멈춘다.
- 3단계: 입을 크게 벌리고 목구멍을 연 상태에서 "아~" 소리로 내뱉는다.
- 4단계: 호흡이 다 없어질 때까지 길게 뱉고 다시 숨을 깊게 들이마신다.

사람은 평소에 흉식호흡을 하기 때문에 호흡이 배까지 잘 들어가지 않고 뱉는 것도 한꺼번에 훅 나와 복식호흡이 잘되지 않을 수 있다. 하지만 허리를 곧게 펴고 어깨에 힘을 뺀 상태로 여러 번 연습하면 숨이 깊게 들어가 호흡이 길어지는 것을 느끼게 된다. 이때 스톱워치를 맞춰놓고 체크해 보면 변화를 느낄 것이다. 호흡량이 풍성해지면 오래 말을 하거나 고음을 내도 목소리가 상하지 않고 편안해진다.

높낮이, 속도, 멈춤을 조절하라

노래를 잘 부르는 아이를 살펴보면 높은음과 낮은음, 쉼표, 빠르기를 살려서 부른다. 그리고 강약을 살리고 박자를 잘 맞추면 아름다운 노래가 된다. 말도 마찬가지다. 상황에 맞게 높은 소리, 낮은 소리를 적절하게 내고 여유 있게 멈춤도 있어야 한다. 그런데 긴장을 하면 소리도 작아지고 말도 빨라진다. 그러니 말할 때 강약을 조절하고 장·단음이 들어가면 리듬이 생겨 지루하지 않고 부드럽게 들리는 효과를 느낄 수 있다.

건호는 성격이 급하고 말이 빠른 아이였다. 평소에 운동을 좋아해서 차분히 앉아 있기보다는 움직임이 많은 편이었다. 친구들과 말을 할 때도 어찌나 말이 빠른지 친구들로부터 "너 뭐라고 했어?", "천천히 말해봐"라는 소리를 자주 들었고 학교 발표 시간에도 급하게 말을 해서 담임선생님으로부터 "천천히 말하면 좋겠다"라는 얘기를 자주 들었다. 자꾸 그런 말을 들으니 변화해야겠다는 생각이 들어 수업을 듣게 된 것이었다.

건호에게 제일 먼저 한 것은 복식호흡으로 마음의 여유를 갖게 하는 것이었다. 그러고 나서 책을 천천히 소리 내서 읽게 했는데 1분에 200자 정도를 읽기 시작해서 조금씩 속도를 늘려 250자까지 연습을 했다. 이 정도의 빠르기는 상대가 편안히 들을 수 있는 속도이기에 발표를 할 때도 활용했더니 확실히 또박또박 말하게 됐다.

또한 말을 할 때 멈춤도 반드시 필요하다. 이때 잠깐 멈춤은

2~3초 정도 말을 하지 않으면서 내 얘기를 들어주는 사람들을 진지한 표정으로 골고루 바라보는 것이다. 말을 하다 멈춤을 하면 주의를 환기하게 하고 집중을 하게 하는 효과가 있다. 이처럼 말을 할 때 높낮이, 속도, 멈춤 등은 내용을 잘 전달하는 데 핵심 요소가 될 수 있다.

나의 습관어를 찾아라

습관어는 자신도 모르게 전달하고 싶은 내용과 관계없이 자주 쓰는 불필요한 단어다. 긴장하거나 다음 말이 생각이 나지 않을 때 사용하는데 습관어가 반복되면 듣는 사람이 불편함을 느끼게 된다. 예를 들면 윤서는 "그게 있잖아"라는 습관어를 자주 쓴다.

윤서: 그게 있잖아. 내가 오늘 학교 갈 때 학교 앞에 꽃이 예쁘게 피었더라.

친구: 그래, 나도 봤어.

윤서: 그게 있잖아. 색깔이 노랗고 너무 이쁜 거야.

친구: 그래, 정말 예쁘더라.

윤서: 그게 있잖아. 벌써 꽃이 핀 게 너무 신기하지 않니?

친구: 윤서야, '그게 있잖아' 좀 그만해.

말을 할 때마다 "그게 있잖아"라는 습관어를 쓰는 윤서에게 친구가 말을 했다. 이 말을 들은 윤서는 그동안 몰랐던 말 습관을 들어보려고 자기가 하는 말을 녹음했고 의식하지 못했던 습관어를 자주 쓰는 것을 깨닫게 되어 고치려고 노력했다. 그리고 녹음된 자신의 목소리가 너무 어색하게 들린다는 것도 알게 되었다. '왜 내가 듣는 내 목소리와 녹음된 목소리가 다르게 들릴까?'라는 의문도 생겼다. 그 이유는 자기가 말하고 들을 때는 공기의 진동뿐만 아니라 자기 몸이 진동하는 것과 함께 듣는다. 하지만 녹음된 목소리는 청각으로만 듣기 때문에 다르게 들린다. 잘못된 습관을 고치려고 녹음을 해서 들어보다 습관어만 안 써도 깔끔한 말하기가 된다는 것과 녹음 목소리와 내가 직접 듣는 목소리의 다른 점도 알게 되었다.

쓰기와 발음이 다른 우리나라 말

우리나라 말은 쓰기와 발음이 다른 경우가 많다. 이때는 글자 그대로를 읽지 않고 발음되는 대로 표현하면 훨씬 자연스럽게 말할 수 있다. 예를 들어 '국어교사[구거교사]', '강의[강이]', '경쟁력이[경쟁녀기]', '사람은[사라믄]', '습관은[습꽈는]', '끊임없는[끄니멈는]', '작아졌다[자가젇따]' 등 쓰기와 발음이 다른 경우가 많다. 그리고 연음법칙은 앞에 쓰인 받침이 다음 글자의 첫머리인 'ㅇ'으로 넘어가서 소리를 내는 경우다. 두음법칙은 'ㄴ, ㄹ'이 첫소리로 쓰일

때 달라지는 경우가 대부분이다. 주로 남과 북에서 쓰이는 단어에서 나타난다. '연세 – 년세', '내일 – 래일', '낙원 – 락원', '요리 – 료리', '예의 – 례의' 같은 것이다.

요즘은 SNS를 자주 활용하다 보니 문자를 쓸 때 맞춤법을 꼭 맞춰서 쓰기보다는 줄임말이나 비속어를 많이 사용하기도 한다. 그러나 맞춤법을 정확히 알고 소리 나는 대로 발음을 하면 내용을 잘 전달할 수 있다. 이처럼 의사 전달에 있어서 발음과 발성은 중요한 역할을 한다. 어릴 때부터 습관적으로 잘 들리는 말하기를 연습해야 한다. 말을 빨리 하는 사람은 왠지 생각 없이 말하는 것처럼 가볍게 보일 뿐만 아니라 본인도 생각할 시간이 적어 내용 정리가 잘 되지 않을 수 있으니 천천히 또박또박 말하는 것이 중요하다.

...

상대 이야기를 경청하고
의견을 말하라

진정한 리더십은 경청에서 나온다

경청이란 상대의 말을 듣기만 하는 것이 아니라 전달하는 내용과 내면에 들어 있는 의미까지도 파악하는 것이다. 경청을 잘하는 것은 소통의 중요한 요소이며 교우관계를 원만하게 하는 데에도 필요하다.

미국의 법사상가 올리버 웬들 홈스(Oliver Wendell Holmes)는 "말하는 것은 지식의 영역이고 듣는 것은 지혜의 특권이다"라고 했다. 들으면서 깨닫게 되는 것의 중요성을 강조한 말이다. 그래서 경청은 단순히 듣는 행위를 넘어 그 단어 뒤에 숨어 있는 의미를 이해하는 지혜가 필요하다. 아이들의 대화에서도 일방적인 말하기가 아닌 의견을 묻거나 적당한 때 반응을 해주는 것이 경청을 잘하는 것이다. 예를 들면 이런 대화다. "너 어제 학원 가서 재미있었니?", "어젠 너무 졸려서 힘들었어", "그랬구나. 그래서 어떻게 했어?", "선생님한테 말씀드리고 난 후에 서서 그림 그리기를 했어", "나도 졸릴 때가 있었는데 다음부터는 그렇게 해봐야겠다." 평범한 대화지만 상대방의 말을 잘 들어주면서 공감하고 있다. 이러한 대화는 친구 사이도 좋아지게 하고 지혜로운 말하기가 된다.

공감 능력이 뛰어난 아이들이 친구들 사이에서 인기도 있고 자연스럽게 리더가 되는 경우가 많다. 내 주장만 시끄럽게 펴는 아이는 처음에는 자기가 친구들을 리드한다고 생각하지만 곧 친구들의 눈치를 보게 되고 결국은 경청을 잘한 후에 말하는 친구를 중심으로 모이게 마련이다.

명훈이를 처음 만났을 때 인상 깊었던 것이 지금도 기억난다. 부모님과 상담실에 들어올 때 명훈이의 눈은 유난히 빛났다. 인사를 하면서도 부드러운 시선으로 집중하더니 상담 시간 내내 경청을 어찌나 잘하던지 칭찬을 해주었다.

상담을 마친 후에 궁금한 점을 말해보라고 했더니 "원장님, 저는 목소리가 작아서 가끔 제 말이 친구들 사이에서 잘 안 들리는데 이것도 고칠 수 있나요?"라고 질문했다. 대부분의 아이들은 궁금한 것이 있어도 질문하지 않고 부모님들이 대신 말을 하거나 부모님을 바라보고 대신 말해달라는 눈빛을 보내는데 명훈이는 또렷하게 자신의 의사를 밝혔다. 어른들의 대화를 잘 경청하고 진정으로 변하고 싶었던 부분을 생각했기에 질문을 할 수 있는 기회를 만든 것이다.

그 후 수업을 하면서 목소리 크기 조절은 물론 생각했던 내용들을 정리해서 또박또박 약간 큰 소리로 말하는 연습을 했다. 수업 중에 어려운 단어가 나오거나 내용이 이해되지 않으면 노트에 메모를 하는 모습도 보였다. 그리고 자신이 말을 해야 하는 타이밍을 잘 잡아 의견을 말하는 연습도 꾸준히 했다. 이렇게 친구들의 말을 잘 경청하고 의사 표현을 하더니 2학기에는 반에서 인기가 높아져 반장으로 선출되었고, 나는 변화된 그 모습이 너무나 대견했다. 학급회의를 진행할 때도 친구들의 의견을 경청해서 의견 조율이 잘 되는 반을 만들고 단합도 잘된다고 한다.

하지만 경청이 무조건적으로 받아들이는 것을 의미하는 것은 아니다. 상대방의 말을 잘 들은 후 좋은 의견은 받아들이고, 생각이 다른 의견은 그것이 왜 다른지 상대에게 이야기하고 서로 조율하는 것이 올바른 경청의 자세다.

경청을 잘하면 핵심을 말할 수 있다

수업을 받으러 오는 수강생 중에는 말만 잘하고 싶어서 오는 사람도 있다. 그러나 스피치는 7:3법칙이란 게 있는데 7은 듣는 것이고 3은 말하는 것이다. 상대방 말을 경청하면 많은 말을 하지 않아도 하고 싶은 말을 전달할 수 있기 때문이다. 《나는 왜 이 일을 하는가?》(이영민 역, 타임비즈, 2013)의 저자 사이먼 시넥(Simon Sinek)은 TED 강의를 열정적으로 하는 유명한 사람이다. 그는 "경청 기술은 먼저 내가 상대의 말을 듣고 있다는 환경을 만들어주고, 그리고 상대가 내 말을 잘 들었는지를 넘어 내 말의 의미를 느끼게 해주고 싶은 것"이라고 했다.

아이들도 어릴 때부터 경청을 습관화하고 상대방의 말에 귀를 기울이는 연습을 할 수 있도록 도와주어야 한다. 학교에서 토론을 하거나 수업 시간에 질문을 적극적으로 하는 학생들은 경청을 잘하기 때문에 그만큼 집중력도 강하고 핵심 파악도 잘하는 것이다. 코로나19로 비대면 수업이 이루어질 때, 선생님들은 비대면 수업의 가장 큰 단점으로 '경청을 못해서 집중력이 떨어지는 것'을 꼽는다. 경청의 중요성을 잘 살리고 짧은 말하기로 주인공이 된 이야기를 담은 《모모》(미하엘 엔데 저, 비룡소, 2009)의 내용을 소개해 본다.

> 꼬마 모모는 그 누구도 따라갈 수 없는 재주를 갖고 있었다. 그것은 바로 다른 사람의 말을 들어주는 재주였다. 그게 무슨 특별한 재주람. 남의 말을 듣는 건 누구나 할 수 있지. 이렇게 생각하는 독자도 많으리라. 하지만 그 생각은 틀린 것이다. 진정으로 귀를 기울여 다른 사람의 말을 들어줄 줄 아는 사람은 아주 드물다. 더욱이 모모만큼 남의 말을 잘 들어줄 줄 아는 사람도 없다. 모모는 어리석은 사람이 갑자기 아주 사려 깊은 생각을

하게끔 무슨 말이나 질문을 해서가 아니었다. 모모는 가만히 앉아서 따뜻한 관심을 갖고 온 마음으로 상대방의 이야기를 들었을 뿐이다. 그러면 그 사람은 자신도 깜짝 놀랄 만큼 지혜로운 생각을 떠올리는 것이었다.

이 책은 초등학교 고학년부터 읽을 수 있고 전 세계 40여 개 언어로 번역되어 많은 사람에게 좋은 반응을 얻었다. 모모는 상대의 말을 귀 기울여 들어주고 적절하게 반응하면서 내 얘기는 짧게 하는, 매력 있는 말하기의 대표적인 사례라고 할 수 있다.

경청하는 사람이 대화의 주도권을 잡는다

경청과 듣기의 차이를 좀 더 깊이 생각해 보면 비슷해 보이지만 다른 점이 있다. 경청의 조건은 상대의 말을 듣고 끝나는 것이 아니라 그 말의 의미를 파악하고 나에게 왜 그 말을 하는지, 지금 상황에서 그 말은 어떻게 하라는 것인지를 깨닫는 것이다. 그래서 경청을 잘하면 상대와 교류를 잘할 수 있고, '마음이 맞는다'라는 생각을 하게 된다.

하지만 듣기는 청각을 통해 그냥 들려지는 것이라고 할 수 있다. 예를 들면 바람 소리, 시냇물 소리, 자동차 클랙슨 소리 등 별로 관심이 없는 것을 그저 한 귀로 듣고 한 귀로 흘려듣는 수준을 듣기라고 할 수 있다. 그런데 친구들 사이에서 대화를 할 때 상대방의 말을 그저 흘려들으면 성의가 없는 사람이 될 것이다. 그리고 내가 이야기할 때도 다른 친구가 그런 반응을 보인다면 나 역시 속상할 것이다. 경청을 잘하는 방법에 대해 간략히 요약해 보면 이러하다.

- 눈 맞춤을 잘해야 한다. 친구가 열심히 말하는데 자꾸 다른 곳을 보면 상대방은 '내 말이 듣기 싫은가?'라고 느낄 수 있다.
- 입으로 맞장구를 쳐준다. "맞아. 내 생각도 그래", "넌 어떻게 그 생각을 했어?", "와. 멋지다" 등 내 생각과 같을 때 이런 반응을 해주면 좋다.
- 표정도 함께해야 한다. 좋은 일이 생긴 친구에게는 웃으면서 반응해주고 속상한 일이 생긴 친구에게는 진심으로 위로를 하는 모습을 보이며 "너무 속상해 하지 마. 금방 좋아질 거야"와 같은 말을 해주면 친구는 위안을 받고 고마움을 느낄 것이다.

이처럼 경청하고 반응을 잘하는 아이들이 친구들 사이에서도 대화를 이끌게 되고 매력 있는 친구가 된다.

나만의 매력으로
말하라

상대에게 잘 들려야 매력 있는 말하기다

매력이란 사람의 마음을 사로잡아 끄는 힘이다. 같은 말을 해도 상대에게 기분 좋게 들리는 말을 하는 사람과 그리하지 못하는 사람이 있는 걸 보면 매력 있게 말하는 것의 중요성을 실감할 수 있다. 매력은 겉모습보다는 내면에서 나오는 경우가 많은데 그런 사람들은 배려심이 많고 상대방의 이야기를 끝까지 잘 들어준다. 가끔 친구들끼리 대화를 나눌 때 상대의 말이 다 끝나기도 전에 자기 말을 한다거나 딴청을 부려 말의 흐름을 파악하지 못하는 친구들이 있는데, 만약 이런 습관이 있다면 고쳐야 한다.

또한 친구들끼리 말을 할 때 서둘러 급하게 말을 한다거나 주제를 자주 바꿔서 헷갈리게 하는 경우가 있다. 예를 들면 "나 어제 수

4장 · 퍼스널 브랜딩 스피치의 핵심, '말하기' 191

영장 갔다. 그런데 거기서 담임선생님을 만났어", "너 배 안 고프
니?" 하는 식으로 시작한 말을 마무리 짓기도 전에 다른 주제를 또
꺼내면 듣는 친구는 무슨 말부터 대답해야 할지 난감해질 수 있다.
그래서 한 가지 주제를 먼저 마무리하고 다른 주제를 말하는 것이
좋다. 친구들 사이에서 일상적인 대화를 할 때도 천천히 또박또박
여유 있게 말을 해야 한다. 말을 빠르게 하면 상대에게 성의 없게
들릴 수도 있고 핵심을 놓칠 수도 있다. 상대가 잘 알아듣고 이해
가 되어야 전달력도 생기고 매력 있는 말하기가 되기 때문이다.

소미는 이번 학기를 마치면서 의미 있는 상을 받았다. 바로 친
구들이 뽑아주는 '배려상'이다. 한 학기 동안 친구에게 용기와 사랑
을 전하는 대화를 실천해 따뜻한 학급 공동체가 형성되는 것에 기
여해서 받은 상이었다. 비결을 물으니 소미는 "친구들의 말을 잘
들어주고 말을 할 때는 서두르지 않고 친구들이 알아듣기 편하게
또박또박 말을 했어요"라고 했다. 그리하다 보니 인기 있는 친구가
되었던 것이다. 이처럼 매력 있는 말하기의 기본은 친구의 입장을
생각해 보고 잘 들리게 말을 하는 것이다.

감정을 솔직하고 부드럽게 표현하기

감정은 상황이나 현상에 대해 느끼는 마음인데, 우리는 살아가
면서 무수히 많은 감정을 느끼게 된다. 기분 좋은 감정을 느낄 때

도 있지만 때로는 속상하고 기분이 나쁜 감정을 느낄 때도 있다. 기분 좋은 감정을 느끼게 될 때 이런 느낌을 준 상대에게 상황을 설명하면 서로 좋은 관계를 형성하는 데 도움이 될 뿐만 아니라 매력 있는 말하기가 된다.

또한 상대와 의견이 안 맞거나 오해가 생겼을 때에도 언성을 높이거나 문제만 보지 말고 왜 이렇게 되었는지 차분하게 생각을 해보고 말을 하면 좋다. 상대가 감정적으로 말한다고 같이 감정을 섞어 말하면 자칫 싸움이 될 수 있기 때문이다. 친구들 사이에서 한번 관계가 틀어지면 다시 회복하기까지는 오랜 시간이 걸리거나 회복이 되지 않을 수도 있다. 매력 있는 말하기는 자신의 감정을 솔직하고 부드럽게 표현하는 것으로, 나름의 위기를 잘 극복하면 좋은 친구로 오래 남을 수 있게 된다.

또한 친구가 자신의 감정을 솔직하게 표현할 때는 반응을 잘해주는 것도 매력 있는 말하기의 비결이다. 친구에게 좋은 일이 생기거나 친구가 잘한 일이 있으면 칭찬을 해주거나 같이 기뻐해주면 좋다. 속상한 감정을 말할 때도 끝까지 들어주면서 감정을 나누고, 혹시 내가 잘못한 일이 있으면 사과하는 것도 좋은 방법이다.

칭찬을 잘하면 매력이 높아진다

상대의 좋은 점을 자주 말하는 친구는 친구들 사이에서 확실히 매력이 있다. 그것이 곧 칭찬이 되기도 하는데 매일 보는 친구라도 관심을 갖고 보면 늘 새로운 칭찬거리를 발견할 수 있다. 외모에 변화를 주었거나 새로운 물건이나 학용품을 갖고 온 친구에게 칭찬을 해주면 서로 기분이 좋아지고 친한 사이가 되기도 한다.

여자아이의 경우 머리 모양을 바꾸었거나 예쁜 옷을 입었을 때 "참 예쁘다. 너에게 잘 어울려"라는 말을 해주는 것이다. 남자아이의 경우에도 운동을 잘할 때는 "어쩜 운동을 그렇게 잘하니? 멋지다"라고 말해주고 악기 연주나 노래를 잘하는 친구에게는 "소리가 너무 아름답게 들려"라고 칭찬을 해주면 매력 있는 말하기가 된다.

사람은 누구나 인정받고 싶은 욕구가 있다. 이때 속으로만 '예쁘네', '좋겠다', '멋지다'라고 생각하면 상대는 모를 수밖에 없다. 상대를 인정하는 말하기를 하는 것은 듣는 사람도 기쁘게 하고 칭찬을 한 사람도 행복한 마음이 생기게 하며, 이것은 곧 매력 있는 말하기로 이어진다.

셀프 테스트가
스피치 실력을 키운다

발표는 말로 나의 의사를 전달하는 것

　스피치 수업을 오는 학생들을 보면 말할 내용에 대한 생각은 어느 정도 있으나 표현이 잘되지 않거나 발표를 하려면 불안 증상이 있어서 오는 경우가 대부분이다. 이때 발표하는 내 모습을 직접 보면 단점이 무엇인지를 금방 알게 된다. 긴장하게 되면 말을 할 때 굳이 하지 않아도 될 행동을 반복적으로 하게 되고 이를 보는 친구들이나 선생님들은 불안감을 느끼게 된다. 이때 주로 하는 행동으로는 머리를 자주 만지기, 몸을 흔들기, 양손을 마주잡고 뻣뻣하게 서 있기 등이 있으며 긴장 상태를 고스란히 드러내게 된다. 불안 증세가 심할 경우에는 얼굴이 빨개지고 호흡도 가빠지면서 숨 쉬는 것도 힘들어한다.

이처럼 다양한 증상으로 나타나는 발표 불안 증상은 저절로 고쳐지지 않는다. 이는 많은 연습과 훈련을 해야 해결되는데 방법을 모르고 연습을 하면 시간도 오래 걸리고 효과도 잘 나타나지 않는다. 이때 가장 좋은 방법이 영상을 찍어 스스로 평가하는 '셀프 테스트'를 해보는 것이다. 처음에 영상을 찍고 보라고 하면 다들 너무 쑥스러워하고 보기를 꺼린다. 하지만 여러 번 영상을 찍으면서 자신의 모습을 보면 고쳐야 될 점이 확실하게 보인다. 가끔은 친구와 영상을 바꿔서 평가해 보는 방법도 해본다. 상대가 이야기를 해주면 내가 못 느꼈던 점을 깨닫게 되기 때문이다. 꾸준히 셀프 테스트를 하다 보면 스피치 실력의 발전 과정도 볼 수 있을 뿐만 아니라 내 의사를 전달할 때의 문제점을 깨닫게 된다. 즉, 효과적인 말하기의 초석을 쌓게 되는 것이다.

발표 전 셀프 테스트로 연습하기

셀프 테스트를 하는 방법은 의외로 간단하다. 영상을 찍으면 되는데 이때는 혼자 하는 것보다 친구들이 여러 명 있는 상태에서 해야 더욱 효과적이다. 연습을 하면서 긴장감을 줄이고 시선 처리의 범위도 넓힐 수 있기 때문이다. 셀프 테스트를 하는 방법을 일곱 단계로 정리해 보고자 한다.

셀프 테스트 7단계

- 1단계: 핸드폰이나 카메라를 준비하고 고정시킬 수 있는 장치를 준비한다. 친구 등 영상 촬영을 도와줄 사람에게 영상 녹화 방법을 미리 알려준다.
- 2단계: 말할 내용을 생각하고 연단에 올라선다. 인사를 하고 발표를 시작한다.
- 3단계: 시선을 골고루 주면서 가벼운 미소를 짓는다. 카메라만 보지 말고 내 얘기를 들어주는 사람들을 골고루 바라본다.
- 4단계: 목소리의 강약을 조절한다. 목소리가 너무 작거나 크면 듣는 사람이 불편할 수 있으니 적당한 목소리로 말한다.
- 5단계: 멈춤을 사용한다. 말을 할 때 적당한 멈춤은 듣는 사람을 집중시키는 좋은 방법이 된다.
- 6단계: 자세는 바르게 하고 손 처리를 자연스럽게 한다. 짝다리로 비스듬히 서는 자세나 손을 너무 자주 사용하는 자세, 양손을 마주잡고 풀지 않는 자세는 경직되어 보인다.
- 7단계: 끝까지 차분하게 마무리를 하고 연단을 내려온다. 할 말을 다 했다고 마무리를 대충하고 내려오면 지금까지 공들여서 한 발표가 아쉬워진다.

이런 방법을 사용해 영상을 찍다 보면 세련되고 차분하게 발표하는 자신의 모습을 보게 될 것이다. 내가 나를 아는 것만큼 변화를 쉽게 하는 방법은 없다.

발표 내용은 어떻게 하면 좋을까

셀프 테스트를 하려면 앞서 말한 비언어 부분도 중요하고 내용적인 면도 충분히 준비를 해야 한다. 학교 수업 시간에는 교과서에 나온 것을 잘 정리해 발표하면 된다. 이때는 굳이 형식을 갖추지 않더라도 목소리가 또박또박 들리게 아는 내용을 말하고 선생님이나 친구의 의견을 들으면 된다.

하지만 회의나 토의, 토론을 할 때는 상황이 달라진다. 먼저 회의를 할 때는 손을 들고 사회자에게 발표 의사가 있음을 알리고 내 의견을 말해야 한다. 손을 들기 전에 내가 어떤 내용을 말할지 메모를 하거나 생각을 정리해야 하며, 의견을 말할 때는 충분한 이유가 있어야 한다. 예컨대 교실의 환경 정리와 청결을 위한 회의라면 내용으로는 휴지를 바닥에 버리지 않기, 낙서하지 않기, 지우개를 쓸 때 가루를 바닥으로 버리지 않기, 청소를 한 후에 걸레를 깨끗하게 빨아서 보관하기 등 미리 생각한 내용을 차분하게 제시하면 된다.

토의는 같은 주제를 가지고 각자 다른 의견을 내는 방법인데 이때는 먼저 발표한 사람과 같은 내용이 반복되지 않도록 해야 한다. 토론은 주제 하나를 찬반으로 나누어 상대를 설득하고 내 의견을 주장하는 것인데 이때는 지나치게 상대를 반박하거나 내 의견만 강하게 주장하면 좋은 내용을 전달할 수도 없고 의견이 대립될 수 있다. 상대 토론자의 내용을 한 번 더 반복해주고 이에 따른 나의 생각을 표현해야 한다.

다음은 토론의 사례이며, 토론을 할 때도 녹음을 해서 셀프 테스트를 하면 발표 내용도 체크할 수 있고 스피치 실력도 키울 수 있다.

토론 사례: 청소년의 스마트폰 게임 사용에 대한 찬반 토론

사 회 자: 지금부터 청소년들이 사용하는 스마트폰 게임에 대한 찬반 토론을 시작하겠습니다. 찬성팀 먼저 발표해주시길 바랍니다.

찬성팀 1: 찬성팀의 발표자 ○○○입니다. 먼저 요즘같이 미디어가 발달한 시대에 스마트폰 게임 사용은 당연한 것이라고 생각합니다. 사용이 편리하고 청소년들의 스트레스를 풀어줄 수 있기 때문입니다.

반대팀 1: 반대팀의 발표자 ○○○입니다. 먼저 찬성팀의 발표자가 말한, 스마트폰 게임 사용이 편리하고 청소년의 스트레스를 풀 수 있다는 의견 잘 들었습니다. 하지만 편리성 때문에 자신도 모르게 게임에 중독될 수 있다는 반대 의견과 스트레스를 게임으로 풀 경우 운동량이 낮아져 체력이 약해질 수 있다는 의견을 제시합니다.

찬성팀 2: 반대팀 발표자의 게임 중독 의견과 운동량 부족으로 체력이 약해질 수 있다는 의견 잘 들었습니다. 하지만 청소년이 많이 사용하는 스마트폰 게임을 중독으로만 보는 것은 지나친 우려라고 생각합니다. 요즘은 공부도 스마트폰 게임 앱을 사용해서 하는 경우도 많아져서 무조건 중독이 될 거라는 생각은 지나치다고 생각합니다. 또한 스트레스를 풀 때 게임만 하는 것이 아니라 계획을 세워 놓고 운동을 병행한다면 큰 문제는 없을 것으로 봅니다.

반대팀 2: 네, 찬성팀의 의견 잘 들었습니다. 하지만 처음에는 가볍게 스트레스 풀이로 생각하고 스마트폰 게임을 시작했다가 시간이 지날수록 지나치게 몰두하게 되는 경우를 주변에서 많이 보았습니다. 심지어 하루에 서너 시간 이상 게임을 하는 친구들을 볼 수 있습니다. 특히 스마트폰 게임을 못할 경우 감정 조절이 되지 않아 신경이 예민해지기도 합니다. 그래서 저는 적당하게 게임을 조절할 수 있는 방법을 연구해야 된다고 생각합니다.

찬성팀 3: 앞서 발표해주신, 게임 조절을 할 수 있는 연구 방법을 찾아야 한다는 제안은 좋은 생각이라고 봅니다. 하지만 좋은 점을 더 말해보자면 친구들과 게임을 통해 이야기도 나누고 요즘은 게임에서 배울 점도 있기 때문에 무조건 스마트폰 사용을 반대하기보다는 지혜로운 방법을 생각해 보는 것이 좋을 것 같습니다.

반대팀 3: 친구들과의 게임을 통해 이야기도 나누고 좋은 점도 있다는 의견 잘 들었습니다. 제 생각도 무조건 반대만을 고집하는 것은 아닙니다. 하지만 지금 같은 상태로 계속 청소년의 스마트폰 게임 사용량이 늘어나는 것을 게임 회사나 국가 차원에서 꼭 해결해 주어야 된다고 생각합니다. 이상입니다.

사회자: 네, 오늘 청소년의 스마트폰 게임 사용에 대한 찬반 의견을 나눠봤습니다. 서로의 의견을 존중하면서 자신들의 의견을 잘 설명해주신 참가자 여러분께 감사드리며 오늘 토론을 마치겠습니다.

이러한 내용을 바탕으로 토론을 한 것도 녹음을 하거나 영상을 찍어서 셀프 테스트를 하면 말의 빠르기나 놓친 내용, 다음에 토론을 할 때 더 추가할 수 있는 부분 등을 체크해볼 수 있다. 이처럼 셀프 테스트는 스피치 실력을 향상시키는 좋은 도구가 된다.

5장

스피치의 강력한
무기가 되는
'쓰기'의 경험

쓰기는 스피치를
탄탄하게 하는 힘이다

쓰기와 말하기의 연관성

현대사회는 의사소통이 중요하다. 의사소통이란 상대방의 의견을 이해하고 내 의견을 표현해 서로 교류함을 말하는데 그 중심에는 스피치가 있다. 듣기와 읽기가 이해의 영역이라면 쓰기와 말하기는 표현의 영역이라고 할 수 있다. 따라서 쓰기와 말하기는 서로 연관성이 있다.

쓰기는 문자 언어를 통해 자신의 의사를 표현하고 의사소통을 할 수 있는 언어 사용 능력이라고 정의할 수 있다. 쓰기는 사람의 생각이나 느낌을 글로 표현하는 것이다. 글쓰기를 통해 생각을 정리할 수 있고 지식을 체계화할 수 있다. 또한 글쓰기는 사고력을 키우며 계획적인 삶을 살게 한다. 인생을 기록하는 도구로 활용해 자기를 발견하고 성장시킬 수도 있다. 이러한 글쓰기는 지혜가 생기게 하고 다른 사람과 소통하는 능력이 되어 스피치를 탄탄하게 해줄 수 있는 기본기가 된다. 스피치 수업을 할 때 원고를 쓰는 연습을 하는데 쓰기가 잘되는 아이들이 스피치 능력도 뛰어난 것을 볼 수 있다. 하지만 쓰기라는 것이 사실 쉽지는 않다. 《유시민의 글쓰기 특강》(유시민 저, 생각의길, 2015)을 보면 저자는 글을 잘 쓰기 위한 방법으로 네 가지를 제시한다.

- 무슨 이야기를 하는지 주제를 분명히 해야 한다.
- 주제를 다루는 데 필요한 사실과 중요한 정보를 담아야 한다.
- 사실과 정보 사이에 어떤 관계가 있는지 분명하게 나타내야 한다.
- 주제와 정보, 논리를 적절한 어휘와 문장으로 표현해야 한다.

이는 스피치 발표문을 쓸 때도 필요한 영역이라 소개해 보았다. 여기서 주제는 쓰기와 말하기의 목적을 말한다. 목적이 명확하지 않으면 얼마나 좌충우돌하겠는가? 그리고 이 목적을 정한 이유와 어떻게 목적을 이룰 것인가에 대한 정보가 들어가야 한다. 그리고 사실과 정보를 분명하게 연관 지어야 설득력이 생긴다. 마지막으로 정보와 논리를 어울리는 어휘로 나타내는 것이다.

쓰기 능력 향상을 위한 키워드 잡기

스피치를 잘하기 위한 쓰기 능력을 향상시키기 위해서는 키워드를 잘 잡아야 한다. 여기에서 키워드는 운전을 할 때 내비게이션 역할을 하는데 처음 가보는 낯선 길도 내비게이션의 안내를 받으면 목적지에 무사히 도달할 수 있다. 그것이 바로 키워드의 역할이다.

키워드를 잡아서 스피치 하는 예를 들어보면, 제일 먼저 서론에서는 간단한 자기소개로 학년, 학급, 이름 등을 말하고 그다음은 내가 할 말의 주제를 말하면 된다. 본론에서는 주제와 연관된 단어를 세 개 정도 키워드로 잡으면 좋다. 특히 3분 스피치 원고를 쓸 때 키워드가 너무 많으면 주의 집중이 잘되지 않을 수 있으니 세 개 정도의 키워드가 좋다. 키워드를 잘 잡는 방법은 연관어를 찾아 연결하는 것이다. 전혀 연관성이 없는 키워드는 말의 흐름이 자연스럽지 않고 엉뚱한 이야기가 될 수 있다.

결론에서는 지금까지 한 말의 내용을 정리하고 마무리 인사를 하면 된다. 예를 들어 '노력'이라는 주제로 키워드를 잡는다면 '노력해서 이룬 일, 노력했지만 이루지 못한 일, 노력해서 이루고 싶은 일'이라는 키워드를 잡을 수 있다. 다음은 한 학생이 키워드를 잡아 썼던 발표문이다.

안녕하세요. 당당한 말하기로 자신감을 키우고 싶은 부양초등학교 5학년 3반 김동하입니다. 저는 오늘 '노력'이라는 주제로 발표를 해보겠습니다. 노력은 목표를 달성하기 위해 몸과 마음을 다해 행동하는 것인데요. 첫 번째로 노력해서 이룬 일은 책 읽기입니다. 저학년 때는 책을 많이 읽었는데 고학년이 되면서 학원 숙제도 많아지고 친구들과 노는 시간도 늘어서 책을 많이 읽지 못했습니다. 그러나 스피치 수업을 하면서 선생님의 권유로 책을 다시 보게 되었는데 노력하겠다는 다짐으로 매일 시간을 정해놓고 책을 읽기 시작했더니 한 달에 열 권을 읽을 수 있었습니다. 두 번째로 노력했지만 이루지 못한 일은 스마트폰 사용 시간을 줄이는 것입니다. 저는 시간이 있을 때마다 스마트폰을 보는 것이 습관이 되어서 부모님으로부터 자주 꾸중을 듣기도 합니다. 습관을 고쳐보려고 노력을 했지만 고쳐지지 않아서 속상합니다. 아무리 노력해도 안 되면 영상이 안 나오는 폰으로 바꿀 생각도 하고 있습니다. 세 번째로 노력해서 이루고 싶은 일인데요. 저는 그동안 영어 공부를 열심히 했습니다. 친구들과 간단한 대화를 영어로 하기도 하지만 영어를 쓰는 외국인 친구를 사귀어보고 싶습니다. 외국인 친구가 있다면 영어 실력도 키우고 그 나라의 문화도 서로 교류할 수 있어 더 재미있을 것 같아서입니다. 그래서 영어 공부를 더 열심히 해서 저의 꿈을 이루고 싶습니다. 지금까지 '노력'이라는 주제로 노력해서 이룬 일로 책을 읽게 된 것, 노력했지만 이루지 못한 일로 스마트폰 사용 시간 줄이는 것, 노력해서 이루고 싶은 일로 영어를 더 열심히 공부해서 외국인 친구를 사귀어보는 것을 발표한 김동하였습니다.

이처럼 키워드를 잡으면 글을 쓰거나 말을 할 때 흐름이 매끄러

위 일관성이 있고 전달력도 분명해진다.

에피소드를 살려서 쓰기 소재를 찾아라

에피소드는 자신이 경험했던 이야기의 줄거리를 말하는데 스피치에서 쓰기와 말하기를 할 때 꼭 필요한 요소다. 매일 일어나는 크고 작은 경험이 모이면 곧 에피소드가 되고 이는 쓰기와 말하기의 핵심이 된다. 친구들과 놀이동산을 갔던 것, 운동을 하면서 팀플레이를 했던 것, 악기 연주를 할 때 화음을 맞추는 것, 가족들과 여행을 한 것, 생일파티를 한 것 등 모두 에피소드가 될 수 있다. 이때 쓰기의 소재를 찾으려면 가장 기억에 남는 순간을 쓰면 된다. 이때는 앞서 소개한 키워드 잡는 방법을 활용하면 에피소드를 풍성하게 살려서 쓰기 소재로 활용할 수 있다.

스피치 수업 중 '주말에 있었던 일'을 주제로 발표할 때 자신의 경험담을 키워드로 잡아서 발표하는 모습을 보면 실력이 향상되는 것을 볼 수 있다. 가끔 스피치를 어려워하는 아이들에게 에피소드를 떠올려보라고 하면 "기억이 안나요", "무슨 말을 해야 할지 모르겠어요"라는 말을 자주 듣는데, 이는 생각 정리가 되지 않아서다. 하지만 똑같은 경험을 하고도 생각이 잘 정리된 아이는 탄탄한 에피소드를 만들어낸다. 혜리는 플룻을 배워 학교 내의 작은 오케스트라에서 합주한 경험이 있다. 이를 에피소드로 발표했는데 마치 그 공간에 같이 있던 것처럼 공감되었다.

　　오늘은 방과후에 오케스트라 연습이 있는 날이다. 개인 연습을 하고 일주일에 한 번 모여서 합주를 하는데 합주를 하면 좋은 점이 있다. 첫 번째는 현악기, 관악기, 타악기, 건반악기가 모여서 아름다운 화음을 만드는 게 신기하고 재미있다는 것이다. 여럿이 합주를 하면 박자도 정확하게 맞춰야 하고 다른 사람 소리도 들으면서 집중을 해야 하는 어려움이 있지만 확실히 재미가 있다. 두 번째는 악보와 지휘자를 잘 봐야 한다는 것이다. 지휘자의 몸동작에 따라 소리가 커지기도 하고 작아지기도 한다. 소리를 내야 되는 부분, 잠시 쉬어야 되는 부분이 있어 악보도 보면서 지휘자를 꼭 봐야 한다. 세 번째는 연습을 하고 무대에서 연주를 할 때 너무 행복하다는 것이다. 긴장이 되기도 하지만 전교생 앞에서 그동안 연습한 실력을 맘껏 발휘하고 박수를 받으면 기분이 좋아진다.

이처럼 자신이 경험한 것을 정리해 보면 좋은 에피소드가 되어 쓰기와 말하기의 소재가 될 수 있다. 듣기, 읽기, 쓰기, 말하기는 사람이 사는 사회에서 반드시 필요한 소통의 도구이자 나의 몸값을 올리는 중요한 수단이다. 특히 쓰기, 말하기는 나를 브랜딩 하는 데 빠질 수 없는 필수불가결한 요소라고 할 수 있다.

· · ·
짧은 문장부터
시작하라

짧은 문장이 집중된다

말하기와 글쓰기는 인간의 의사소통에 있어 가장 중요한 요소다. 내 생각을 상대에게 전달하거나 문제를 해결하기 위해서 우리는 말과 글로 생각을 전하기 때문이다. 말은 생각이 정리되지 않은 상태에서 해야 할 때가 종종 있지만 글쓰기는 생각을 정리할 시간을 충분히 가질 수 있고 수정도 가능하다.

그러나 글쓰기는 결코 쉬운 것이 아니다. 글쓰기가 어려운 이유 중 하나는 글감을 찾지 못해서다. '과연 이것도 글이 될까?'라는 생각을 먼저 하게 되면 글감으로 쓸 만한 소재는 그다지 많지 않다. 하지만 내가 경험했던 것들에 의미를 부여한다면 일상의 모든 것이 글감이 될 수 있다. 예를 들어 게임을 좋아하는 아이가 있다면 왜 게임이 재미있는지, 게임을 할 때 어떤 기분이 드는지, 이 게임을 선택한 이유가 무엇인지 생각한다면 충분한 글감이 될 수 있다. 글감을 찾고 쓰기를 시작하면 문장을 짧게 만들어보자. 문장이 길면 독자의 집중력이 떨어질 수도 있다. 긴 문장은 여러 가지 내용이 나열되는 경향이 있기 때문에 독자의 이해력에 혼란을 줄 수도 있다.

한 문장에는 한 가지만!

글을 쓰다 보면 욕심이 생긴다. 쓰고 싶은 내용이 많아도 과감하게 버리고 핵심을 적는 것이 중요하다. 다양한 이야기를 나열하면 내용이 길어질 수밖에 없다. 그러나 짧은 문장이 가독성도, 전달력도 좋다. 예를 들면 뷔페에 가면 맛있는 음식이 많지만 이것저것 다양한 음식으로 식사를 하고 나면 포만감만 느낄 뿐 제대로 된 맛을 음미하지 못할 때가 있다. 그래서 맛집은 한 가지 음식으로 승부를 거는지도 모른다. 다음은 한 문장에 한 가지만 넣어 쓴 은찬이의 글이다.

> 📋 제목: 내가 좋아하는 음식
>
> 나는 면류의 음식을 좋아한다. 면 종류의 음식은 다양하다. 짜장면, 라면, 울면, 칼국수, 잔치국수 등이 있다. 그중에서도 내가 가장 좋아하는 것

은 면발이 고소하고 쫄깃쫄깃한 라면이다. 오늘 아침에도 라면을 먹고 학교에 왔다. 수업이 끝나고 집에 가서도 라면이 먹고 싶지만 엄마는 라면을 많이 먹으면 몸에 좋지 않을 수 있다고 하신다. 그래도 나는 매일 라면을 먹고 싶다.

문장에 여러 가지를 한꺼번에 쓰면 핵심을 놓칠 수 있다. 한 문장에 하나의 내용만 넣으면 가독성이 높아지는 글이 된다.

어느 정도의 문장 글을 써야 할까

한 문장에 30~50자가 적당하다. 글이 길어지면 숨이 차다. 연속적으로 나오는 문장들을 소화하다 보면 쫓기는 느낌이 들기 때문이다. 처음 아이들이 글을 쓸 때는 뚝뚝 끊어지는 문장을 만든다. 이렇게 쉽게 글쓰기를 표현하는 것이 시작점이 될 수 있다. 하지만 이때 주의할 점은 문장의 연결성이다. 자연스럽게 연결이 된 문장이 편안하게 읽히기 때문이다. 다음은 《탈무드》에 나온 글인데, 적당한 문장으로 쓰인 글이라 소개해 본다.

항해하는 배 안에서 있었던 이야기이다. 배 안의 승객들은 모두 큰 부자였다. 그들은 서로 자기가 가진 재산을 자랑하기에 바빴다. 그때 그 속에 섞여있던 랍비 한 사람이 말했다. "나는 내 재산을 당신들에게 보여줄

수는 없지만 부자로 치면 내가 제일 부자라고 생각하오." 그때 마침 해적들이 나타나 배를 습격했고, 부자들은 금은보석과 모든 재산을 해적들에게 빼앗겨버렸다. 해적들이 가버린 뒤 배는 가까스로 한 항구에 다다랐다. 거기서 랍비는 높은 교양과 학식을 인정받아 학생들을 모아놓고 가르쳐 생계를 꾸릴 수 있었다. 하지만 나머지 여행객들은 모두 가난뱅이가 되어버렸다.

지식과 지혜는 누구에게도 빼앗기지 않으며, 교육이 가장 중요한 재산이라는 교훈을 준 이야기인데 비교적 한 문장이 30~50자로 적당하다.

짧은 문장과 긴 문장을 적당히 섞을 것

아이들이 처음 글쓰기를 시작할 때는 단문 형식으로 짧게 쓰는 것이 필요하다. 하지만 써놓은 글을 읽어 보면 뚝뚝 끊어지는 느낌을 받게 된다. 예를 들면 "아침에 늦잠을 잤다. 지각하면 안 된다. 어제도 지각을 했다. 선생님께 꾸지람을 들었다. 빨리 달려가야지. 오늘은 지각을 하지 말아야지" 하는 식의 문장을 읽어보면 딱딱하게 느껴진다.

이 문장에 살을 조금 붙여보자. "아침에 눈을 뜨니 너무 늦게 일어났다. 엄마가 깨우는 소리를 들었는데 꿈인 줄 알고 계속 잠을 잤다. 빨리 서둘러서 학교에 갈 준비를 해야겠다. 어제도 지각을 해서 선생님께 꾸지람을 들어 속상했는데 생각해 보니 요즘 너무 늦게까지 잠을 안 자고 놀아서 아침에 일어나는 것이 힘들어진 것 같다. 이제는 일찍 잠드는 습관을 들여서 아침에도 일찍 일어나고 식사도 천천히 하고 학교도 여유 있게 가야겠다." 짧은 문장과 긴 문장이 적절히 섞이면 단조로움에서 벗어날 수 있고 이야기의 연결성이 부드러워진다. 처음 글을 쓸 때는 짧은 글로 시작해 보고 적당하게 늘려가는 방법이 필요하다.

기분이나 감정을 써라

감정도 글쓰기 소재가 된다

사람은 누구나 다양한 감정인 희로애락을 느끼면서 살아간다. 이러한 감정을 어떻게 표현하느냐에 따라 기분이 좋아질 수도 있고 나빠질 수도 있다. 어떨 때는 별일 아닌 것에도 화가 나고 어떨 때는 큰일도 마음먹기에 따라 잘 참아내는 것을 보면, 감정이라는 게 신기한 면도 있다.

언제나 내 주변에서 나와 함께 존재하는 기분이나 감정을 찾는 방법은 나를 먼저 돌아보는 것이다. 기쁠 때는 왜 기쁜 마음이 드는지, 화가 날 때도 왜 화가 나는지 생각해 보면 원인이 있을 것이다. 예를 들어 성적이 잘 나왔을 때 아이나 부모 모두 기쁜 마음이 들 것이고 이때 노력했던 순간을 글로 써보는 것이다. 그리하게 되

면 내 감정이 좀 더 정확하게 보이고 이것이 나의 감정을 찾는 방법이 된다. 화날 때도 마찬가지다. 내가 기대하고 바랐던 것이 있었는데 마음대로 되지 않으면 화가 난다. 하지만 화가 나는 이유를 잘 생각해 보면 원인이 보일 것이고 이때의 감정도 써보는 것이다. 이렇게 찾은 감정은 글쓰기에 필요한 요소가 되기도 한다. 그리고 감정을 조절할 수 있는 효과도 있다.

《오은영의 마음 처방전》(오은영 저, 웅진리빙하우스, 2015)을 보면 이런 내용이 있다. "아이가 자신의 기분이나 감정을 잘 이해하고 잘 조절할 수 있어야 건강하게 성장할 수 있다. 또한 감정적으로 우수한 사람이란 자기 자신의 기분이나 감정을 잘 이해하고 잘 다루는 사람이다. 이런 사람은 친구도 잘 사귀고 질병에도 덜 걸리며 공부도 훨씬 잘할 수 있다." 결국 나의 감정을 잘 찾는 것은 나를 좀 더 깊이 알아가는 것이고 상황에 잘 대처할 수 있게 된다는 뜻이다. 이는 어른이나 아이 모두에게 해당되며 좀 더 다양한 감정을 시각화할 수 있는 도구가 된다. 이런 감정을 찾아보면 구체적인 내 감정과 만나게 되고 이는 글쓰기에도 도움이 된다.

감정을 글로 쓰는 방법

감정을 글로 쓰려면 그 상황에서 나의 감정을 자세히 인식해야 한다. 단순히 "좋다", "나쁘다"라고 하면 구체적인 감정을 표현할 수 없기 때문이다. 예를 들어 미성이는 코로나19로 그동안 운동회를 하지 못했는데 오랜만에 전교생이 모이고 부모님들까지 오셔서 운동회를 함께하니 너무 좋았다. 특히 달리기를 하는데 출발 전에 가슴이 콩닥거렸다. 출발 신호와 함께 힘껏 달리다 보니 2등으로 들어올 수 있었다. 관중석에서 엄마 아빠가 응원하는 소리가 들리는 것 같아 기분이 좋았다. 역시 어젯밤에 달리기를 연습한 보람이 느껴졌고 기분 좋게 잠들 수 있었다.

이처럼 기분이 좋은 이유를 자세히 적어보니 일기 글을 감정으로 표현하게 되어 글쓰기에 도움이 되었다. 그렇다면 감정을 글로 쓰는 방법에는 어떤 것들이 있을까?

감정의 종류 적어보기

감정은 아주 작은 차이로 다양한 느낌이 든다. '기분 좋은, 상쾌한, 설레는, 감동적인, 온화한, 난처한, 마음이 무거운, 행복한, 억울한, 속상한' 등 다양한 종류를 알아보면 감정을 세부적으로 표현할 수 있게 된다.

생각나는 대로 쓰기

문법이나 문장의 구조에 얽매이지 않고 생각나는 대로 쓴다. 다른 사람에게 털어놓지 못한 감정을 쓰다 보면 감정 정리가 되기도 하고 글쓰기를 자유롭게 할 수 있다.

감정의 세기 측정하기

어떤 일이 생겼을 때 '살짝 거슬리는 정도, 좀 더 생각이 떠올라 신경이 쓰이는 정도, 그 감정 때문에 불편을 느끼는 정도, 답답하고 힘이 들며 어려운 정도, 참을 수 없을 만큼 힘든 정도' 하는 식으로 단계를 세기로 구분해 보면 감정을 객관화할 수 있다.

기분이나 감정의 빈도 측정하기

처음 느끼는 감정인지, 낯선 감정인지, 가끔 느끼는 감정인지, 자주 느끼는 감정인지, 매우 자주 느끼는 감정인지를 측정해 본다. 그러면 내가 느끼는 감정에 대해 구체적으로 파악할 수 있다.

이러한 방법으로 내가 느낀 감정을 적어보면 구체적인 글쓰기 소재가 될 수 있다.

감정을 글로 쓰면 좋은 이유

'흥진비래(興盡悲來)'라는 말도 있듯이 살다 보면 좋은 일과 나쁜 일들이 번갈아 일어난다. 이때 느낀 감정을 쓰게 되면 다양한 효과가 있다.

감정을 쓰게 되면 얻는 효과

- 감정을 글로 쓰다 보면 감정을 조절할 수 있게 되어 원만한 인간관계를 만들 수 있다. 주변에도 보면 욱하는 감정을 참지 못해 불편한 관계가 되는 경우가 종종 있는데, 감정을 글로 쓰다 보면 욱하는 감정을 자제하게 된다.
- 스트레스 지수를 낮출 수 있게 된다. 스트레스를 받는 상황을 글로 적으면서 해결 방법도 모색하고 마음의 여유를 갖게 된다.
- 내면의 생각을 정리하게 도와준다. 뇌는 상상만으로도 호르몬을 분비시켜 불편한 생각을 없애주고 편안한 기분을 느끼게 해준다. 감정을 글로 쓰면 긍정적인 단어를 쓰게 되기 때문에 좋은 감정을 느끼게 되고 표현력도 좋아진다.
- 행동의 변화를 가져온다. 좋은 기억이나 사건을 글로 쓰다 보면 삶의 활력소를 찾게 되고 이는 행동으로 이어질 수 있게 된다.

이처럼 감정을 글로 쓰게 되면 좋은 장점을 발견할 수 있을 뿐만 아니라 글쓰기 소재로 활용할 수도 있다.

매일 쓰는 것의
중요성

매일 쓰는 이유

사람은 누구나 습관으로 살아가며 하루를 돌아보면 각자만의 습관이 있다. 습관은 반복되는 행동으로 만들어지게 되고 결국 한 사람의 삶이 된다. 그래서 반복의 힘은 중요하다. 글쓰기도 마찬 가지다. 짧지만 매일 써보는 습관은 글쓰기 실력을 늘리는 초석이 된다. 매일 글쓰기를 하기 위해서는 주변에 관심을 갖고 글의 소 재를 찾는 것이 중요하다. 《어린이를 위한 초등 매일 글쓰기의 힘》 (상상아카데미, 2022)의 이은경 저자는 매일 쓰기의 필요성을 이렇게 표현했다. "매일 쓰기 귀찮다고? 다른 숙제하느라고 바쁘다고? 알 지, 알지, 잘 알지. 그래도 매일 써야 해. 잘 쓰지 못해도, 조금만 써도 괜찮아! 매일 쓰다 보면 굳이 더 잘 쓰려고 노력하지 않아도 저절로 쓰게 될 거야."

매일 쓰기가 어려운 이유는 잘 써야 된다는 생각, 귀찮다는 마음, 쓰기는 어렵다는 고정관념 때문이다. 낙서 글이라도 좋으니 매일 써보자. 친구들끼리 카톡이나 문자를 주고받듯이 평범한 일상을 매일 써보면 그런 글이 모여 글쓰기 실력을 키워준다. 예를 들어 친구들과 떡볶이를 먹을 때도 '내가 좋아하는 떡볶이 종류는 어떤 것이 있을까?'라고 생각을 떠올려보면 된다. 다음은 '매일 글쓰기'를 했을 때 현아가 '떡볶이'라는 소재로 쓴 글이다.

📖 제목: 떡볶이는 맛있다

떡볶이의 종류는 다양하다. 우리가 자주 먹는 짜장 소스를 넣어 만든 짜장 떡볶이, 아이들이 유난히 좋아하는 치즈 떡볶이, 카레 소스를 넣은 카레 떡볶이, 스파게티에 자주 쓰는 소스를 넣은 까르보나라 떡볶이, 라면을 넣어서 만든 라볶이, 간장 소스를 넣은 간장 떡볶이 등 다양한 종류가 있다. 나는 우리가 자주 먹는, 고추장과 다양한 양념을 넣어 만든 일반 떡볶이를 좋아하는데 유독 매콤한 맛이 나는 떡볶이를 좋아한다. 그래서 매운 떡볶이를 먹을 때는 어묵 국물과 같이 먹어야 제맛이 난다.

늘 경험하는 일상에서 소재를 찾으면 매일 글쓰기가 쉬워진다. 나는 학생들과의 수업에서 가끔 영상을 보여주기도 하는데, 이때도 영상에서 가장 기억에 남는 소재 몇 가지를 떠올리고 글을 써보게 한다. 영상을 그저 생각 없이 보면 의미 없이 끝날 수도 있지만 기억에 남는 것을 쓰다 보면 이 또한 매일 글쓰기의 소재가 되기 때문이다. 매일 글쓰기가 습관이 되면 점점 생각을 정리하게 된다.

또한 글쓰기 연습을 할 때 의인화를 하는 방법도 있다. 내가 물건이 되기도 하고 동물이나 사물의 입장에서 생각해도 된다. 우리나라에서 인기를 얻고 있는 프랑스 작가 베르나르 베르베르(Bernard Werber)는 《개미》(이세욱 역, 열린책들, 2001)라는 책을 내서 엄청난 인기를 얻었다. 그 책을 읽다 보면 마치 내가 개미가 된 것 같은 생각을 자연스럽게 하게 된다. '개미의 세상도 사람과 똑같다'라는 생각을 하면서 관찰하는 능력이 키워지고 이는 매일 글쓰기 소재를 잡는 데 도움이 된다. 주변에 관심을 갖고 소재를 찾아 이를 매일 글쓰기 습관으로 만든다면 우리 아이의 글쓰기 실력은 쑥쑥 키워질 것이다.

베껴 쓰기의 방법과 장점

자주 글을 쓰지 않는 사람들은 글쓰기가 어렵기 마련이다. 무엇부터 써야 될지, 주제와 소재는 어떻게 잡아야 될지 정말 답답하다. 이때 도움이 되는 것이 베껴 쓰기다. 작가가 쓴 글을 똑같이 베껴 쓰면서 글의 흐름이나 전체적인 맥락을 잡아보면 무작정 쓰는 것보다 유익하다. 평소에 관심 있거나 흥미로운 글을 베껴 쓰다 보면 그 자체로 연습이 되기 때문이다.

글쓰기 실력을 높여주는 베껴 쓰기 방법에는 다섯 가지가 있다. 첫 번째는 관심 있거나 끌리는 책을 선택하는 것이다. 재미를 느껴서 끝까지 쓸 수 있게 된다. 두 번째는 손 글씨로 쓰는 것으로, 컴퓨터 자판보다 오래 기억하게 한다. 세 번째는 글씨를 정성껏 쓰는 것이다. 그렇게 베껴 쓰면 소중하게 느껴져 보관하게 된다. 네 번째는 문장 부호나 띄어쓰기도 똑같이 쓰는 것이다. 이 방법은 섬세한 글쓰기의 기준이 된다. 다섯 번째는 소리 내서 읽으면서 쓰는 것으로, 내용 파악에 도움을 준다.

다음은 〈베껴쓰기를 활용한 효과적인 글쓰기 교육에 관한 연구〉(유승미, 리터러시 연구, Vol.- No.2, 2011)라는 논문에 나온, 베껴 쓰기의 장점에 관한 내용이다.

- 독서를 꼼꼼하게 할 수 있다. 텍스트의 내용을 정확하게 파악해 저자의 의도를 알 수 있다.
- 글 전체의 구조를 파악하는 능력을 키울 수 있다. 논리적인 글들은 대체로 큰 틀을 가지고 있으며 생각의 흐름을 보는 능력이 키워짐과 동시에 자연스럽게 글의 구조를 파악하게 된다.
- 표현력이 향상된다. 올바른 어휘나 표현은 글쓴이의 생각을 좀 더 분명히 드러내주며 설득력 있는 표현을 구사할 수 있는 중요한 도구가 된다.

- 맞춤법과 문법을 따로 공부하지 않아도 된다. 대부분의 문학 작품은 설명적이고 논리적인 글로 띄어쓰기, 문장부호, 한글 맞춤법에 준해서 글을 쓴다.
- 응용력과 창의력이 커진다. 베껴 쓰기는 하나의 원리를 바탕으로 그것과 연결되어 있는 다른 많은 문제들을 풀어갈 수 있게 하는, 글쓰기의 핵심적 기초 작업이다.

이처럼 다양한 장점을 가지고 있는 베껴 쓰기는 매일 글쓰기를 할 수 있는 기회를 만들어줄 것이다.

감사를 찾으면 매일 글쓰기가 쉬워진다

글을 쓴다는 것은 누구에게나 어려운 일이다. 하지만 글쓰기의 소재가 분명하면 방향이 잡히고 쓰기가 한결 쉬워진다. 이때 소재를 찾는 방법으로 하루 중 감사했던 일을 떠올려보는 것도 있다. 《마음 튼튼 감사 일기》(편집부 저, 좋은생각, 2021)를 보면 매일 밤 감사 일기를 쓰면 삶을 대하는 자세가 바뀐다고 했다. 감사는 좋은 생각, 긍정적인 마음을 갖게 한다. 하루를 살다 보면 다양한 경험을 하는데 그 속에는 반드시 감사할 일이 있으며, 글쓰기의 소재를 풍성하게 해준다.

학생들에게 감사를 주제로 글쓰기 수업을 했을 때 영찬이의 글

〈우리 엄마〉가 기억에 남아 인용해 본다. 영찬이는 다문화 가정 어린이로 엄마가 베트남 사람이다. 엄마는 피부색도 다르고 한국어도 서툴지만 엄마를 세상에서 가장 사랑한다는 영찬이의 글에는 진심어린 감사가 담겨 있다.

📋 제목: 우리 엄마

우리 엄마는 키도 작고 얼굴색도 다르다. 그래도 나는 엄마가 좋다. 우리 엄마는 한국어 발음이 이상해서 친구들이 가끔 놀린다. 그래도 난 우리 엄마가 제일 좋다. 왜냐하면 엄마는 세상에서 나를 가장 사랑하기 때문이다. 나도 엄마를 너무 사랑한다. 가끔은 요리를 못한다고 할머니에게 혼이 나도 엄마는 늘 웃는다. 그렇지만 나는 엄마가 해주는 반찬은 무엇이든 맛있게 먹는다. 그래서 우리 엄마에게 늘 감사한 마음을 갖고 있다.

감사일기는 사람의 마음에 따뜻함을 주는 매력이 있다. 실제로 주변을 돌아보면 감사한 일들이 너무나 많으며 '글쓰기 소재가 많구나'라는 생각이 들 것이다.

자신이 좋아하는 것에
대해서 쓰자

좋아하는 것부터 쓰면 좋은 이유

아이들은 좋아하는 것이 생기면 관심을 갖게 되고 집중하게 된다. 집중력이 생기면 같은 일을 오래 해도 질리지 않고 오히려 흥미를 느끼며 성취감도 맛볼 수 있다. 이렇게 좋아하는 것에는 수많은 스토리가 들어 있고 이 스토리가 글을 쓰는 데 도움이 된다.

예를 들어 꽃에 관심이 생기면 계절별로 구분하게 되는데 사계절 중 가장 먼저 피는 봄꽃에는 목련, 개나리, 진달래, 산수유, 벚꽃 등이 있다. 또한 무더위가 한창인 여름에 피는 꽃은 장미, 채송화, 해바라기, 천일홍, 나팔꽃 등이 있다. 그리고 시원한 바람이 부는 가을에 피는 꽃은 코스모스, 국화, 능소화가 있고 한겨울 추위에도 피는 꽃이 있는데 동백꽃, 수선화, 시클라멘, 복수초 등이 있다. 요즘은 정보가 많아서 얼마든지 좋아하는 꽃을 알아보고 글쓰기 소재로 활용할 수도 있다. 이렇게 계절별로 꽃을 나누고 내가 좋아하는 꽃의 꽃말과 색깔, 특징을 적다 보면 더 깊이 들여다보게 되고 다양한 시각을 가질 수 있다. 그러고 나서 꽃마다의 각기 다른 향기를 적을 수도 있고 꽃과 연관된 행사나 즐거웠던 추억을 연상하면 좋은 글감이 될 것이다.

유난히 과일 나무에 관심이 많은 경아라는 학생이 있었다. 경아는 '사계절에 따라 변하는 나무의 모습 소개하기'를 숙제로 받아 글을 썼는데, 경아의 글을 소개해 보고자 한다.

우리집 정원에는 사과나무가 있다. 봄에는 사과나무에 새싹이 올라온다. 처음에는 손톱만큼 작은데 점점 커지면서 푸르게 되고, 그 푸른 잎 사이로 꽃이 핀다. 한여름이 지나면 사과 꽃이 지고 작은 사과가 열린다. 작은 사과가 열리면 나는 아침마다 사과에게 인사한다. 더운 여름이 지나고 가을이 되면 사과는 아빠 주먹만큼 커진다. 색깔도 파란색에서 빨간색이 된다. 빨간 사과는 참 맛있어 보인다. 그런데 어떤 때는 흰 사과도 있다. 아빠한테 흰 사과는 뭐냐고 물어봤더니, "새들이 사과를 좋아해서 쪼아 먹은 거야"라고 하셨다. 내가 좋아하는 사과를 새들이 먹었다니 속상했지만 새들과 사과를 나누어 먹었다고 생각했다.

경아는 집 정원의 사과나무를 좋아해서 계절에 따라 변하는 나무의 모습을 글로 썼다. 글 속에서 경아의 시야가 작은 잎에서 사과로 넓어지는 것을 볼 수 있다. 그뿐만 아니라 숙제 주제와 관련 없는 대상인 새를 사과나무와 연결했다. 아이들이 긴 글을 쓰는 건 쉽지 않다. 하지만 경아처럼 좋아하는 것으로 시작하면 쉽게 내용을 생각할 수 있다. 더 나아가서 자신이 좋아하는 것과 관련된 경험을 추가하면 시야도 넓어지고 멋진 글을 쓸 수 있다.

좋아하는 동물과 관련된 속담 인용하기

좋아하는 것을 표현할 때 경아처럼 경험을 활용할 수도 있지만, 속담을 인용할 수도 있다. 예를 들어 좋아하는 동물과 관련된 속담을 인용해서 글을 쓸 수도 있다. 요즘은 애완동물을 많이 키우며 가족처럼 사랑을 주게 되는데 이때 속담을 인용한 글쓰기 소재가 될 수 있다. 굳이 직접 키우지 않아도 좋아하고 관심 있는 동물은 얼마든지 있을 수 있으니 소재가 될 수 있다.

예컨대 고양이를 키우는 아이가 있다면 "고양이 앞에 쥐"라는 속담이 인용될 수 있다. 이 말은 고양이가 강자이고 쥐는 약자라는 의미로 해석된다. 앞서 언급한 속담으로 지은 글을 살펴보자.

우리집 고양이는 귀엽고 깔끔하다. 세수도 잘하고 조용히 다닌다. 그래서 나는 고양이가 좋다. 그런데 속담에 "고양이 앞에 쥐"라는 말이 나와서 호기심이 생겼다. 이렇게 귀여운 고양이가 쥐 앞에서는 왕이 되나 보다. 우리들도 교실에서 시끄럽게 떠들다가 선생님이 오시면 조용해진다. 고양이 앞에 있는 쥐처럼.

평범한 일기 형식의 글이지만 속담을 활용해 표현하니 멋진 글이 되었다. 그 외에도 호랑이와 물고기에 관한 속담을 주제로 쓴 글도 있다.

토요일에 부모님이랑 놀이동산에 갔다. 놀이기구도 타고 동물원에도 들렀다. 그중에 가장 관심이 가는 동물이 호랑이였다. 호랑이는 검은 가로줄 무늬가 있으며 꼬리는 길고 배는 흰색으로 이루어져 있다. 동물원에서는 느릿느릿한 것 같지만 영화나 영상을 보면 엄청 빠르고 씩씩하다. 그래서 호랑이가 나타나면 주변의 다른 동물들은 다 사라진다. 늠름하고 멋있는 호랑이가 나는 좋다. 호랑이는 유난히 겉모습이 화려하고 멋있어서 죽어서도 가죽으로 사람들에게 유익함을 준다. 그래서 "호랑이는 죽어서 가죽을 남기고 사람은 죽어서 이름을 남긴다"라는 속담이 생겼나 보다.

우리집은 어항에 물고기를 키운다. 물을 제때 갈아주어야 물고기가 건강하게 오래 산다. 한번은 물을 갈아주려고 다른 그릇에 옮겨놓다가 한 마리가 밖으로 튕겨나갔다. 그런 것도 모르고 하루 종일 그대로 두다가 저녁에야 물고기를 발견했는데 물고기가 죽어버렸다. 너무 속상해서 엉

엉 울었다. 다음부터는 꼭 조심하면서 물을 갈아줘야겠다. 역시 "물고기는 물을 떠나 살 수 없다"라는 속담이 맞는 것 같다.

그 외에도 동물과 관련된 속담은 많다. "다람쥐 쳇바퀴 돌듯 한다"라는 속담은 발전 없이 제자리를 맴돌 때 쓰고, "쇠귀에 경 읽기"는 말귀를 못 알아듣고 엉뚱한 얘기를 할 때 쓴다. "송충이는 솔잎을 먹어야 한다"는 자기 형편에 맞게 살아야 한다는 뜻이고, "가는 말에 채찍질"은 열심히 할 때 더 빨리 하라고 부추기는 상황을 뜻한다. 아무리 급해도 일을 이루려면 그 일을 위해 준비할 시간이 필요하다는 뜻을 가진 "개구리도 움쳐야 뛴다"라는 속담도 있다. 이처럼 좋아하거나 관심이 있는 동물에 관련된 속담을 떠올리면서 글을 쓴다면 아이들에게 도움이 될 것이다.

좋아하는 것을 발견해서 글감으로 옮기기

요즘 아이들에게 "좋아하는 게 뭐니?"라고 물으면 "모르겠는데요", "없는데요", "생각 안 해봤어요", "글쎄요" 등의 대답을 한다. 아이들의 경우 정작 내가 좋아하는 게 있어도 잘 느끼지 못할 때가 있다. 이때는 구체적인 질문으로 좋아하는 것을 발견하게 해주면 된다.

예를 들면 좋아하는 색깔, 물건, 악기, 음식, 간식, 옷, 게임, 풍경, 책 등이 있다. 영역을 넓혀 활동을 하는 여행 가기, 영화 보기, 춤추기, 운동하기, 노래하기, 만들기, 그리기도 있으며 좋아하는 가족이나 친구, 나라를 빛낸 위인이나 가수 등 사람을 대상으로 해도 좋은 글감이 될 수 있다. 왜 좋아하는지, 좋아하는 것을 어떻게 하고 있는지를 소상하게 쓰다 보면 스토리가 되어 글쓰기의 소재가 된다.

또 좋아하는 장소를 소개글로 써보는 방법도 있다. 수영을 좋아하는 아이는 수영장을 소개하고 축구를 좋아하는 아이는 축구장을 소개하는 것이다. 책 읽기를 좋아하는 아이는 도서관을 소개글로 써도 좋은 글쓰기를 할 수 있다.

또 소감문으로도 좋아하는 것을 표현할 수 있다. 부모님과 유난히 여행 가는 것을 좋아하는 예슬이가 있다. 예슬이는 어릴 때부터 여행을 자주 다니다 보니 늘 새로운 곳으로 떠나는 즐거움을 만끽한다. 작년에는 아빠가 지방으로 발령이 나서 1년간 근무하게 되었는데 그곳에서 다양한 지역을 여행하게 되었다. 아빠의 근무지는 울산이었는데 근처에 있는 경주, 부산, 포항, 대구 등을 다니며 여행을 했다. 그 지역만의 문화, 음식, 거리, 바닷가에서 들려오는 파도 소리가 지금도 생각이 난다고 한다. 그래서 여행을 다녀올 때마다 소감문을 쓰기 시작했는데 아주 좋은 글쓰기 훈련이 되었다고 한다. 예슬이의 글을 살펴보자.

오늘은 엄마 아빠와 김밥, 과일, 음료수를 챙겨서 경주에 갔다. 서울에 살 때는 경주가 엄청 멀었지만 울산에서 경주는 멀지 않다. 지난번에는 낮에 갔고 오늘은 야경을 보러 갔다. 내가 좋아하는 노래도 부르고 엄마 아빠와 이야기를 나누다 보니 금세 경주에 도착했다. 주차를 하고 신라 시대에 기상 관측소 역할을 했다는 첨성대로 걸어갔다. 그런데 낮에 볼 때와 달리 조명으로 멋지게 비춰진 첨성대는 더 아름다웠다. 역시 경주는 좋은 곳이다.

예슬이는 "짧은 글이지만 소감문을 써보니 그때의 느낌이 살아나서 기분이 좋아요"라고 말했고 소감문 쓰기를 좋아하게 되었다. 평소에 관심이 있고 좋아하는 것이라면 얼마든지 글로 표현해서 다른 사람들과 공유할 수 있는 것이다. 좋아하는 것을 발견해서 쓰게 되면 내가 느끼고 경험한 것을 쓰기 때문에 쉽게 글쓰기를 시작할 수 있다.

중심 내용부터 적는
두괄식으로 글쓰기

결론부터 써야 하는 이유

결론은 내가 쓰고자 하는 글의 목적이나 근거로 왜 이것이 필요한지를 쓰는 것이다. 그래서 글 첫머리에 잠정적인 결론을 쓰면 독창적인 아이디어를 발휘할 수 있게 된다. 또한 글의 방향이 설정되기 때문에 목적지를 향해 가는 표지판이 되기도 한다. 결론인 핵심을 먼저 쓰고 이유를 밝히면 읽는 사람의 답답함을 한 번에 해결할 수 있고 가독성을 높여 끝까지 내 생각을 전할 수 있게 된다. 결론에는 글의 중심 생각이 들어 있다. 아무리 잘 쓴 글도 독자를 사로잡지 못하면 좋은 글이 될 수 없다. 그래서 시작도 결론, 마무리도 결론인 것이 바람직하다.

첫머리에 중심 내용이 오는 두괄식

글을 쓰는 방법으로 크게 두괄식과 미괄식이 있다. 두괄식은 글의 첫머리에 중심 내용이 오는 방법이고 미괄식은 문단이나 글의 끝부분에 중심 내용이 오는 방법이다. 두괄식 글쓰기를 피라미드에 비유하기도 한다. 일단 중요한 정보나 내용을 먼저 쓰고 그에 따른 세부 내용을 써내려가기 때문이다.

미국의 초등학생들은 학교에서 '다이아몬드 글쓰기'의 원형인 '5문단 에세이'를 배운다. 이 5문단 에세이의 시작은 문단 쓰기(Paragraph writing)다. 초등학교 저학년 학생들은 문단을 만들 때 자신이 얘기하고 싶은 한 가지 포인트를 한 문장(중심 개념)으로 적고 그 밑에 이를 뒷받침하는 증거 문장들(Supporting Sentences)을 써서 문단을 완성한다. 여기에서 말하는 다이아몬드 글쓰기는 숲 전체를 본 후에 나무의 특성을 하나씩 살펴보고 다시 숲을 보라는 뜻이다. 멀리서 볼 때의 커다란 숲도 들어가서 살펴보면 크고 작은 나무들과 다양한 종류의 식물들이 존재한다. 그 식물들이 모여서 숲을 이루듯 단어와 문장이 어우러져 하나의 글이 된다. 그래서 두괄식으로 결론을 먼저 제시하면 단어와 문장이 주제에서 벗어나지 않게 된다.

《결론부터 써라》(유세환 저, 미래의창, 2015)의 유세환 저자는 결론부터 쓰는 다이아몬드 글쓰기를 몇 가지로 요약했다. "중심개념을 잡아라. 문단을 쓸 때도 결론부터 써라. 중요한 순서대로 써라. 구체적으로 생생하게 써라. 문장은 짧게 써라" 하고 표현했다. 나는 글을 쓰는 것은 집을 짓는 것과 비슷하다고 생각한다. 집을 지을 때는 제일 먼저 몇 평의 땅에 어떤 집을 지을지를 구상하고 도면을 그린다. 몇 개의 방을 만들지, 화장실과 거실의 크기는 어떻게 할지, 방향은 어디로 할지, 창문의 모양과 특성은 어떻게 할지 등을 구상하게 된다. 이처럼 두괄식은 내가 쓰고 싶은 내용을 먼저 큰 그림으로 그리고 나서 나머지를 채워가는 방식이라고 할 수 있다.

말을 하거나 글을 쓸 때는 늘 주제가 있어야 한다. 주제가 핵심이며 그로 인해 내용이 펼쳐지기 때문이다. 글의 제목도 중요하다. 제목 안에는 내가 전달하고 싶은 내용이 다 들어가게 되고 시작과 끝의 역할을 하게 된다. 우리 아이들이 글을 쓸 때도 결론이 무엇인지를 먼저 생각하고 글을 쓰기 시작하면 주제에서 벗어나지 않고 자석에 쇠붙이가 붙듯이 쓰고 싶은 내용들이 달라붙을 것이다. 이는 글을 쓰는 사람에게도 읽는 사람에게도 논리적이고 체계적인 사고력을 갖게 한다.

. . .

키워드를 잡으면
글쓰기가 쉬워진다

키워드가 글쓰기의 방향을 만든다

글쓰기는 생각을 글로 옮기는 것이다. 하지만 생각이 글쓰기로 연결되기는 쉽지 않다. 글쓰기는 무엇보다 문장력과 기본적인 지식·경험을 토대로 논리적으로 풀어가야 하는 과정을 거쳐야 하기 때문이다. 하지만 글은 평소에 생각 정리만 잘해도 한결 쉬워질 수 있다. 경험을 통해 좋은 생각이 떠오를 때 키워드(핵심어)를 간단하게 메모한다면 글쓰기를 잘할 수 있다.

특히 키워드를 잡아 글을 쓰면 일관성 있는 글쓰기가 된다. 주제를 선정하고 주제에 맞는 키워드가 글의 흐름을 연결하기 때문이다. 이는 곧 글쓰기의 방향이 되어 글쓰기가 쉬워진다. 이때 맞춤법에 맞게 쓰는 것도 필요하다. 좋은 글이라도 맞춤법이 틀리면 의미 전달이 달라질 수 있고 무엇보다 글의 신뢰성이 떨어진다. 그리고 글을 쓸 때 탈자나 오자가 생기지 않도록 신경써야 한다. 반복된 단어나 접속사를 자주 쓰는 것도 피해야 한다. 같은 내용이 반복될 경우 다른 단어로 써보면 지루하지 않게 된다. 이런 것들을 조심하면서 키워드를 잡으면 글쓰기가 쉬워지고 글을 쓰고자 하는 방향도 잡을 수 있다.

어떻게 키워드를 잡을까

모든 글이나 말에는 핵심이 있기 마련이다. 이를 잘 파악하고 상황에 맞는 단어를 잘 찾는다면 좋은 글쓰기가 된다. 하지만 처음 글을 쓰거나 글쓰기에 익숙하지 않은 사람은 키워드 잡기가 쉽지는 않다. 키워드 잡는 방법에는 어떤 것들이 있을까?

주제를 선정한다

글을 쓰려면 제일 먼저 주제를 생각해야 한다. 주제가 분명해야 글을 쓸 수 있기 때문이다. 이때 글을 쓰는 목적과 글을 통해 전하고자 하는 내용을 명확히 하려면 주제 선정을 잘해야 한다.

연관된 단어를 생각한다

키워드를 잡을 때 주제와 연관되지 않는 단어를 쓰면 문맥의 흐름이 달라지기 때문이다. 과일을 이야기하다 갑자기 물고기를 말하는 것처럼 전체적인 흐름에서 많이 벗어나는 것은 좋지 않다.

시간의 흐름을 활용한다

'과거, 현재, 미래' 하는 식으로 흐름을 살리면서 키워드를 잡으면 편안한 글쓰기가 될 수 있다. 시제에 맞는 상황을 설명하면 자연스러운 연결성을 살리게 된다.

경험을 살린다

글은 생각을 정리해 쓰는 것이지만 상상보다는 직접 경험한 것을 활용해야 실감나는 글을 쓸 수 있다. 키워드를 잡을 때도 경험한 것이 좋은 키워드가 될 수 있다.

독서량을 키운다

독서란 다른 사람들이 써놓은 글을 읽으면서 공감하며 지식을 쌓기도 하고 사고를 확장하는 것이다. 다른 사람들은 어떤 키워드로 글을 쓰는지 살펴보고 내 생각과 어떻게 다른지, 나라면 어떻게 키워드를 잡을지를 생각해 보는 것도 좋은 방법이 된다.

글을 쓸 때 키워드를 잡는 것은 목적지를 분명히 알고 출발하는 것이다. 길을 갈 때 목적지가 분명하지 않으면 어디로 가야 할지 몰라 방황할 수 있게 된다. 키워드를 잘 잡는 것은 흐름을 부드럽게 하고 쓰고 싶은 내용을 잘 표현할 수 있도록 도움을 준다.

다음은 초등부 글쓰기 수업에서 키워드를 미리 정하고 쓴 예시다. 여름방학에 가장 기억에 남는 일을 주제로 워터파크, 봉사활동, 컴퓨터 특강이란 키워드를 잡고 각각에 해당하는 내용을 작성했다.

📖 주제 : 여름방학에 있었던 가장 기억에 남는 일

방학은 학교를 가지 않으면서 많은 체험을 할 수 있는 즐거운 시간이다. 이번 여름방학에도 다양한 활동을 하며 보내고 있다. 날씨가 너무 더울 때는 시원한 도서관에서 하루 종일 책을 볼 때도 있고 엄마랑 영화관에서 팝콘을 먹으면서 재미있는 영화를 본 적도 있다. 오늘 글쓰기 주제는 여름방학을 보내면서 가장 기억에 남는 일을 써보는 것인데 키워드를 세 가지로 잡았다.

첫 번째는 워터파크에 간 것이다. 방학 전부터 계획을 세웠고 드디어 온 가족이 물놀이를 하러 갔다. 그런데 우리가 워터파크에 도착하자 비가 오기 시작했다. 엄마는 비가 와서 날씨가 차가워질 수 있으니 물놀이를 하지 말자고 했고 나와 아빠는 어차피 비도 물인데 맞고 하자는 의견을 냈다. 결국 우리는 비를 맞으며 물놀이를 했는데 왠지 햇볕이 쨍쨍한 날보다 더 재미있다는 생각이 들었다.

두 번째는 봉사활동을 한 것이다. 평소에 엄마는 혼자 사시는 할머니들, 할아버지들을 위해 음식을 만들고 도시락으로 배달해드리는 봉사활동을 꾸준히 하셨다. 이번 여름방학에는 나도 엄마를 도와 할머니, 할아버지가 혼자 사시는 곳에 도시락도 배달해드리면서 말동무도 해드렸다. 어르신들은 기특하다며 칭찬해주셨고 나도 기분이 좋았다.

세 번째는 컴퓨터 특강 참여하기다. 우리 학교는 여름방학에 컴퓨터 특강이 있다. 나는 컴퓨터를 잘하지 못한다. 글씨를 자판으로 칠 때도 빨리 하지 못하고 검색이나 게임도 서툴다. 이번 특강에서는 다양하게 컴퓨터를 사용하는 방법을 배워서 너무 좋다. 개학을 하면 친구들에게 자랑을 해야겠다는 생각을 하니 특강에 참여하기를 잘했다는 마음이 든다.

오늘 글쓰기 주제는 여름방학에 있었던 가장 기억에 남는 일이다. 다양한 일이 있었으나 가족들과 비 오는 날 워터파크에 간 것과 엄마를 도와 봉사활동에 참여했던 것, 내가 잘하지 못했던 컴퓨터를 특강으로 배운 것이 가장 기억에 남아 키워드로 정했고 글쓰기를 해보았다.

양재의 글처럼 키워드를 미리 정하고 작성하면 주제에 맞는 좋은 글쓰기를 할 수 있다.

. . .

호기심 많은 아이가
글쓰기도 잘한다

호기심은 글쓰기 소재가 된다

호기심은 새롭고 신비한 것을 좋아하거나 모르는 것이 있으면 알고 싶어 하는 마음이다. 그래서 호기심이 많은 아이는 대개 질문이 많은데, 질문은 사고력을 확장시키는 과정이며 이를 통해 생각을 하게 된다. 아이들이 글을 쓸 때는 자신의 경험을 통해 생각을 표현하는데, 이때 중요한 것이 호기심이다. 이는 곧 탐구심을 발휘하게 하고 작은 변화나 움직임에 대해서도 흘려보내지 않고 집중하게 한다.

미국의 철학자이자 교육학자인 존 듀이(John Dewey)는 아동중심의 교육을 통해 호기심의 세 가지 단계를 소개한다. 첫 번째는 어린아이가 주변 환경을 탐색하는 단계다. 이는 본능적인 단계로 새로운 것을 보고 호기심과 탐구심을 갖게 되는 단계다. 이때는 부모님이나 주변 사람들의 반응이 중요하며 아이가 호기심과 탐구심을 키워가도록 한다. 두 번째는 호기심이 더 사회적인 성격을 띠게 되는 단계다. "왜(Why)?"라는 질문을 자주 하면서 새로운 것들을 알아간다. 주변의 정보를 질문을 통해 풀어가는 과정으로 질문에 답을 주면서 지속적인 관심을 갖도록 도움을 주는 것이 중요하다. 세 번째는 호기심이 관찰과 정보를 쌓는 과정에서 생긴 문제들에 대한 흥미와 관심으로 변형되는 단계다. 자신이 했던 경험이나 흥미, 복잡성, 즐거움을 느끼면서 자신의 세계를 넓혀가는 과정인 것이다. 이러한 과정을 통해 아이는 성장해가게 되며 자신의 궁금증이나 주변의 것들을 깨닫게 되는데 이런 것들이 글쓰기 소재가 될 수 있다.

아래의 글은 '일상에서 궁금했던 점을 글로 써보는 시간'에 쓴, 준서의 글이다.

📄 제목: 우리집 반찬 콩나물

우리집 반찬 단골 메뉴는 콩나물이다. 밥을 먹을 때 자주 콩나물이 나온다. 엄마는 콩나물을 먹으면 키가 쑥쑥 큰다고 한다. "왜 키가 쑥쑥 크나요?"라고 물어보니 콩나물은 영양가도 많고 쑥쑥 잘 크기 때문이란다. 나도 콩나물을 많이 먹으면 쑥쑥 키가 커지려나?

이처럼 일상에서 일어나는 작은 일들도 호기심을 갖고 질문을 하다 보면 글쓰기의 좋은 소재가 될 수 있다.

호기심과 글쓰기

아이들이 자랄 때 호기심이 유난히 많은 아이도 있지만 때로는 그렇지 못한 아이도 있다. 호기심을 갖고 질문을 할 때 부모의 무관심으로 대충 넘어가면 아이는 더 이상 질문을 하지 않을 수 있으니 신경을 써야 한다. 때론 궁금증을 지나치게 행동으로 보이는 아이는 산만해 보일 수 있으나 이 또한 성장 과정으로 받아들여야 한다. 지나치게 제지한다거나 혼을 내면 아이의 자존감이 떨어질 수 있으니 조심해야 한다. 또한 늘 새롭게 표현되는 아이들의 호기심을 짧은 글쓰기 소재로 활용해도 좋다. 그래서 호기심도 키우고 글쓰기도 할 수 있는 방법을 소개해 본다.

아이들의 질문에 관심을 갖고 들어준다

호기심이 많은 아이들은 질문을 자주 한다. 이때 대충 대답을 하거나 귀찮아하면 질문의 횟수가 줄어들고 흥미를 잃게 된다. 작고 사소한 질문이라도 성의껏 대답하고 칭찬과 함께 귀기울여 들어주면서 한 줄 정도 메모를 해보자. 아이는 점점 더 많은 것들에 관심을 갖게 될 뿐만 아니라 짧은 글쓰기로 이어질 수 있게 된다.

부모님과 대화의 시간을 늘린다

호기심은 아주 작고 사소한 것에서도 생길 수 있다. 부모님과의 대화가 많은 아이들은 언제든 자신의 궁금증을 나눌 수 있게 된다. 호기심으로 생긴 궁금증을 미루다 보면 잊어버리기도 하고 습관이 되지 않아 기회를 놓치게 된다. 이때는 부모님이 궁금증을 확인해주며 왜 그런 생각을 하게 되었는지 연관성도 써본다.

책을 읽다가 생긴 호기심을 메모한다

책 속에는 내가 모르는 내용이 무궁무진하다. 그래서 지적 호기심을 키울 수 있는 좋은 방법이 된다. 상상의 세계도, 현실적으로 변화하는 모든 것도 책을 통해 발견하면 호기심을 키우기에 좋은 효과를 볼 수 있다. 이때 읽은 책에서 기억에 남거나 궁금한 점을 적어보면 좋은 글쓰기가 될 수 있다.

미디어를 활용하라

스마트폰이나 컴퓨터, TV 등을 많이 접하다 보면 생각하는 시간이 줄어든다. 하지만 자주 보는 영상은 나의 관심 분야가 될 수 있다. 그러니 영상을 보면서 호기심이 생기면 왜 그런지 질문을 이끌어내보자. 이 또한 글쓰기의 좋은 소재가 될 수 있다.

호기심의 장점은 무궁무진하다

아이를 아이답게 만드는 것이 바로 호기심이다. 점점 커갈수록 궁금증은 사라지고 공부해야 될 것이 많은 요즘 아이들에게 호기심은 삶에 새로운 창의력을 키울 수 있는 좋은 기회가 된다. 또한 호기심을 갖고 한 질문과 답변을 통해 의사소통 능력을 키울 수 있으며 사물이나 현상에 대해 알아가는 계기도 갖게 된다. 상대방과의 같은 점과 다른 점을 생각하면서 소통 능력을 키울 수 있다.

호기심은 학습 능력을 키울 수 있는 방법이기도 하다. 궁금증을 풀어가는 과정이 곧 학습이기 때문이다. 학습 탐구는 학년이 올라갈수록 난이도가 생기고 이를 알아가는 과정에서 많은 궁금증이 생기게 되는데 이런 문제를 풀어가면서 학습 능력도 상승된다. 호기심은 상대를 배려하며 행복감도 느낄 수 있게 한다. 호기심을 통해 친구를 사귀는 방법, 예절이나 예의를 지키는 방법, 상대를 배려하는 마음을 갖게 된다. 이를 알아가면서 '서로의 의견이 존중받고 있다'라는 생각을 할 수 있어 행복감을 느낀다. 아이의 호기심을 잘 키워준다면 이는 성장 과정에 꼭 필요한 영양소가 될 수 있다.

. . .
'베껴 쓰기'가 가진
놀라운 힘

베껴 쓰기가 글쓰기의 바탕이 된다

'베껴 쓰기'라는 말은 '필사(筆寫)'라는 한자로도 표현된다. 앞에서도 잠깐 언급했지만 베껴 쓰기는 글쓰기의 기본을 만든다. 글을 처음 쓰려면 무슨 말을 써야 할지 막막해지는 경우가 많다. 특히 아이들에게 글을 쓰라고 하면 더욱 그러할 것이다. 이때 작가가 잘 써놓은 책이나 글을 그대로 따라 쓰다 보면, 글의 전체적인 흐름이나 원칙을 자연스럽게 익힐 수 있게 될 뿐만 아니라 책의 내용 파악이 쉬워진다. 글을 쓴다는 두려움을 없애고 '나도 글을 써볼 수 있다'라는 생각도 할 수 있게 된다.

그래서인지 유명한 작가들도 베껴 쓰기를 권한다. 《태백산맥》 (조정래 저, 해냄, 2001)의 조정래 작가도 "꼼꼼하게 베껴 쓰기를 하면 글쓰기에 도움이 된다"라고 했다. 실제로 그는 아들과 며느리에게 《태백산맥》을 베껴 쓰게 하기도 했다. 어려운 책도 베껴 쓰기를 하면서 조금씩 맥락을 파악하게 되고 문단 나누기, 단어의 쓰임과 다양성, 어휘의 흐름을 느낄 수 있게 된다. 특히 베껴 쓰기는 막연했던 생각을 글로 옮길 때 이정표 역할을 하며 창작 글쓰기의 간접경험을 하게 한다. 인쇄술이 발달하기 전에는 책 한 권을 구하면 베껴 쓰기를 해서 내 책으로 만들었다는 얘기가 있다. 하지만 지금은 발전된 기술로 책이 넘쳐난다. 이렇게 많은 책 중에 도움이 되는 책을 골라 베껴 쓰기를 하는 것은 고전적인 방법 같지만 이 시대에도 많은 도움이 되는 것은 자명한 사실이다.

나도 필사를 자주 하는 편인데, 확실히 읽기만 하는 것과는 달리 깊이 있게 타인의 지식을 내 것으로 만드는 효과를 보았다. 그래서 아이들 수업에서도 이 방법을 활용하고 있다. 처음에는 '남의 글을 따라 쓰는 것이 과연 도움이 될까?'라고 생각했던 아이들도 꾸준히 베껴 쓰기를 하고 낭독을 하면서 달라지는 모습을 볼 수 있었다.

대표적인 사례로 민서가 글쓰기를 처음 시작할 때 "선생님, 글씨 연습하는 것 같아요. 진짜 글쓰기에 도움이 될까요?"라는 말을 했는데 몇 번 베껴 쓰기를 반복한 후에는 작가가 무슨 말을 하려고 이렇게 글을 썼는지 이해가 된다는 것이었다. 그리고 자신도 비슷한 주제로 글을 써보겠다며 글쓰기를 시작했다. 그러면서 막연했던 생각이 글로 써지는 것이 신기하다고 했다. "모방은 창조의 어머니"라는 말도 있듯이 말이다.

베껴 쓰기의 방법

베껴 쓰기를 그냥 하기보다 방법을 알고 쓰다 보면 더욱 효과적일 것이다. 베껴 쓰기를 할 때 가장 먼저 할 일은 어떤 책을 필사할지를 정하는 것이다. 중간에 포기하지 않도록 적당한 책을 고르는 것이 중요하다. 꾸준히 베껴 쓰기를 할 수 있는 방법에는 여러 가지가 있는데, 다음과 같이 정리해 보고자 한다.

- 평소에 관심이 가거나 끌리는 책으로 필사할 책을 정한다. 처음에는 너무 두꺼운 책보다는 가벼운 동시나 에세이 같은 짧은 글이 좋다.
- 조사나 접속사 하나까지 꼼꼼하게 베껴 써야 한다. 베껴 쓰기를 하다 보면 조사나 접속사를 대충 쓰게 되는데 이때는 반드시 수정하고 정확하게 필사하는 것이 중요하다.
- 손 글씨를 쓰는 것이 좋다. 손 글씨를 쓰다 보면 글씨체가 교정될 뿐만 아니라 몰입해서 베껴 쓰기를 하게 된다. 컴퓨터 자판을 사용해서 베껴 쓰기를 하는 것은 엄격하게 보면 필사가 아니다.

- 시간을 정해놓고 하는 것도 방법이다. 하루 일과 중 꾸준히 베껴 쓰기를 할 수 있는 시간을 정해놓고 반복해서 베껴 쓰기를 하면 습관처럼 하게 된다.
- 베껴 쓰기를 다 한 후에는 꼭 소리 내서 읽고 의미를 모르는 단어는 찾아보는 것이 좋다. 베껴 쓰기를 하고 다시 읽어보게 되면 한 번 더 생각하는 시간을 갖게 되고 내용이 훨씬 기억에 오래 남게 된다. 처음 보는 단어도 뜻을 알고 넘어가야 한다.

이처럼 베껴 쓰기를 하면 처음 글을 쓰는 사람이나 꾸준히 글을 쓰는 사람 모두에게 도움이 된다. 자신에게 맞는 베껴 쓰기 방법을 찾고 이를 실천하면 글쓰기가 훨씬 쉬워질 것이다.

베껴 쓰기가 글쓰기에 주는 효과

베껴 쓰기는 아이들의 사고력은 물론 집중력을 키울 수 있게 하며 '글쓰기가 어렵다'라는 편견을 깰 수 있게 한다. 다른 사람의 지식과 경험을 필사하면서 이를 바탕으로 내 생각이 글쓰기 소재로 발전될 수 있기 때문이다.

그렇다면 베껴 쓰기가 글쓰기에 주는 효과에는 어떤 것들이 있을까? 베껴 쓰기의 효과에 대해 세 가지로 정리해 보고자 한다.

집중력이 생기고 글씨체 교정에 도움이 된다

요즘은 아이들도 컴퓨터 자판으로 글쓰기를 대신하는 경우가 많아서 손 글씨 쓸 일이 적다. 그러다 보니 글씨 모양이 반듯하지 않은 아이들이 많은데 베껴 쓰기는 이러한 점도 보완하게 한다. 알림장이나 독서록을 쓸 때, 공부를 할 때에도 반듯한 글씨를 쓰는 게 좋다. 다른 사람이 알아보기 쉬울 뿐만 아니라 자신에게도 정리가 잘된 느낌을 주기 때문이다.

맞춤법을 정확하게 익히게 된다

글쓰기를 열심히 했지만 맞춤법이 틀리면 글이 엉성해 보이기도 하고 문맥의 흐름이 달라지기도 한다. 따라서 정확한 맞춤법 사용은 글쓰기에 반드시 필요한 요소다.

주제를 파악하기 쉽다

책을 눈으로만 읽을 때에 놓칠 수 있는 주제도 베껴 쓰기를 통해 명확하게 파악할 수 있으며 이는 글쓰기를 할 때도 꼭 필요한 요소가 될 수 있다. 또한 베껴 쓰기를 할 때 내가 평소에 자주 쓰는 단어로 바꿔 써보는 방법도 있다. 다른 사람의 글을 바탕으로 내 언어나 비슷한 주제로 바꾸는 글쓰기를 연습하다 보면 점점 발전하게 되고 이는 글 창작에도 도움이 될 것이다.

북큐레이션 • 아이의 인생을 더 크게 펼쳐주고 싶은 부모들을 위한 책

《말 잘하는 아이로 키워라》와 함께 읽으면 좋은 책. 아이는 부모가 이해와 공감으로 사랑을 줄 때 자신의 길을 당차게 찾아 나갈 수 있습니다.

아이와 함께 가면 좋은 공간 리스트 14

아이의 인생을 결정하는 공간의 힘

이민 지음 | 19,800원

창의력, 사고력 등 삶을 살아가는 데 필요한 다양한 시선을 갖추는 최고의 방법!

언택트가 중심인 디지털 시대가 왔다. 이런 시대에 우리 아이가 살아남기 위해서는 주도성, 다양성, 표현력을 가지고 사춘기를 맞이해야 자신감과 문제해결력, 창의력, 책임감을 갖춘 인재로 성장할 수 있다. 그리고 이러한 역량과 자질을 키우는 가장 기본적인 교육은 바로 '공간'에서 시작되어야 한다. 아이의 방부터 시작해 주변 곳곳에 있는 공간을 활용하면 생각의 힘은 물론 언제 어디서나 아이들에게 필요한 건강한 자극을 줄 수 있다. 학교 교육만으로는 불안해 아이의 미래를 고민하는 부모라면 좋은 공간, 즉 공간력으로 아이의 삶을 변화시키길 바란다.

매일, 조금씩, 천천히 할머니와 공부하기

할머니표 집공부

서상완 지음 | 17,000원

할머니도 얼마든지 초등학생 손주를 가르칠 수 있다! 아이의 학습과 인성을 즐겁게 키워주는 할머니표 집공부!

이 책은 교장 선생님 출신 저자가 두 손녀딸을 효과적으로 교육한 방법을 들려준다. 저자가 실천한 방법은 '매조천' 습관 들이기, 즉 매일 조금씩 천천히 실천하는 공부법이다. 이 학습법으로 국어, 영어, 수학과 같은 핵심 교과목뿐만 아니라 인성과 감성 교육까지도 병행한다. 또한 '매조천'을 통해 초등학교 때부터 자기 주도성을 길러, 아이 스스로 계획하고 공부하는 습관을 차곡차곡 체화시킨다. 저자는 책을 통해 더 이상 아이와 부모와의 공부 스트레스는 사라지고, 조부모와 손주 간에 끈끈한 사랑도 더욱 깊어지는 방법을 안내한다.

미래를 대비하는
메타버스 성교육

지금 해야 늦지 않는
메타버스 성교육

이석원, 김민영 지음 | 16,000원

"현실이 아닌 가상 세계도 성교육이 필요하다고요?"
다가오는 메타버스 세상을 대비한 성교육 지침서

전국의 양육자와 아이들에게 수천 회 동안 성교육을 진행해왔던 '자주스쿨' 이석원, 김민영 대표가 이제 메타버스에서의 성교육을 가이드한다. 양육자들이 메타버스에 관심 가져야 하는 이유와 함께 아이들이 메타버스에서 올바른 성인식을 갖도록 '알파 세대에 맞춘' 성교육을 일목요연하게 설명한다. 메타버스와 성교육……. 양육자들이 어색해하는 두 가지가 합쳐졌다. 그러나 두려워하지 마라! 이 책과 함께 시작하면 어렵지 않다. 무엇보다 지금부터 메타버스 성교육을 진행해야 더욱 발전할 메타버스에서 아이들이 안전할 수 있음을 꼭 기억하길 바란다.

스피치로
나를 브랜딩 하기

나를 브랜딩하는 스피치 기술

이명희 지음 | 14,500원

자신의 가치를 높이고
소통력을 키우는 스피치의 기술

스펙도 넘치고 외모도 근사한 데다 직업도 좋은데 사람들에게 호감을 주지 못하고 인정받지 못한다면 자신의 스피치 능력과 듣는 자세를 돌아보자. 이 책은 '제대로' 말하는 법은 물론이고 스스로를 적절히 표현해서 자존감을 높이고 존재감을 드러내어 실력을 제대로 인정받는 법까지 구체적으로 안내해준다. 멋으로 치장하는 겉치레 말이 아니라 진심으로 사람에게 다가가 본심을 전달하고 세상과 소통하여 변화를 꾀하고 싶은 모든 이들에게 이 책은 '현명한' 말의 기술을 알려줄 것이다.